NÁUFRAGOS, TRAFICANTES E DEGREDADOS

AS PRIMEIRAS EXPEDIÇÕES AO BRASIL
1500-1531

Livros do autor publicados pela **L&PM** EDITORES

Brasil: terra à vista! (também disponível na Coleção L&PM Pocket)

Mamonas Assassinas: blá, blá, blá – biografia autorizada

Náufragos, traficantes e degredados: as primeiras expedições ao Brasil 1500-1531

Textos contraculturais, crônicas anacrônicas & outras viagens

A viagem do descobrimento: como o Brasil entrou na história

EDUARDO BUENO

NÁUFRAGOS, TRAFICANTES E DEGREDADOS

AS PRIMEIRAS EXPEDIÇÕES AO BRASIL
1500-1531

www.lpm.com.br

L&PM POCKET

Coleção **L&PM** POCKET, vol. 1358

Texto de acordo com a nova ortografia.

Primeira edição na Coleção **L&PM** POCKET: outubro de 2023
Esta reimpressão: outubro de 2024

Capa: L&PM Editores sobre ilustração de Edgar Vasques
Revisão: Mariana Donner da Costa

CIP-Brasil. Catalogação na publicação
Sindicato Nacional dos Editores de Livros, RJ

B941n

  Bueno, Eduardo, 1958-
    Náufragos, traficantes e degredados: as primeiras expedições ao Brasil 1500-1531 / Eduardo Bueno. – 1. ed. – Porto Alegre [RS]: L&PM, 2023.
    272 p. : il. ; 18 cm. (Coleção L&PM POCKET, v. 1358)

    ISBN 978-65-5666-372-2

    1. Brasil - História - Período pré-colonizador, 1501-1532. I. Título. II. Série.

23-83878   CDD: 981.031
                        CDU: 94(81).01

Meri Gleice Rodrigues de Souza - Bibliotecária - CRB-7/6439

© Eduardo Bueno, 2023

Todos os direitos desta edição reservados a L&PM Editores
Rua Comendador Coruja, 314, loja 9 – Floresta – 90.220-180
Porto Alegre – RS – Brasil / Fone: 51.3225.5777

Pedidos & Depto. comercial: vendas@lpm.com.br
Fale conosco: info@lpm.com.br
www.lpm.com.br

Impresso no Brasil
Primavera de 2024

Sumário

As décadas esquecidas 7

I. Os espanhóis descobrem o Brasil 13
II. Vespúcio e o batismo da América 45
III. A terra do Brasil 81
IV. La terre du Brésil 111
V. O rio das grandes riquezas 139
VI. Fabulosa jornada à Serra do Prata 178
VII. A expedição de Martim Afonso 210

O poder e o valor das moedas 236

Notas 239

Bibliografia comentada 256

As décadas esquecidas

Que homens eram aqueles? Como haviam chegado àquelas praias remotas e de que maneira tinham sido capazes de sobreviver ali por tantos anos? Qual o processo que os transformou de meros náufragos – ou degredados – em figuras-chave na ocupação e colonização do Brasil? Passados cinco séculos de uma espantosa aventura, desenrolada ao longo de vastas porções do litoral brasileiro, as respostas ainda não são conclusivas. As dúvidas apenas aumentam o fascínio em torno do período mais nebuloso na história da exploração e conquista do país.

O que se pode afirmar com certeza é que a partir de 1525, quando os europeus começaram a desembarcar com mais frequência no Brasil, encontraram uma galeria de personagens enigmáticos. Eram homens brancos que viviam entre os nativos: alguns tinham sobrevivido ao naufrágio de seus navios, outros haviam desertado deles. Muitos haviam cometido algum crime em Portugal e foram condenados ao degredo no Brasil, outros tiveram a audácia de discordar de seus capitães e acabaram desterrados. Vários estavam casados com as filhas dos principais chefes indígenas, exerciam papel preponderante na tribo, conheciam suas trilhas, usos e costumes, e intermediavam as negociações entre várias nações indígenas e eventuais representantes de potências europeias. Sua presença em pontos estratégicos do litoral seria decisiva para os rumos do futuro país.

Tal galeria não se limita a nomes mais conhecidos, como o mitológico Caramuru, responsável indireto pela fundação de Salvador, ou João Ramalho, virtual fundador da cidade de São Paulo. Tão importante quanto eles foi, por exemplo, o misterioso Bacharel de Cananeia, primeiro grande traficante de escravos do Brasil e do qual nem mesmo o verdadeiro nome se conhece. Mas há vários outros, cuja trajetória é ainda mais obscura e marcante. O que dizer do intrépido Aleixo Garcia, que em 1524 marchou de Santa Catarina, com um exército particular de dois mil índios Guarani, para atacar as cidades limítrofes do Império Inca, a mais de dois mil quilômetros dali? E de seus companheiros Henrique Montes e Melchior Ramires – desertores e polígamos – que, ainda assim, acabariam sendo recebidos na corte pelos reis de Portugal e Espanha, transformando-se nos homens mais importantes dos primórdios da exploração do rio da Prata e do litoral sul do Brasil?

A lista de personagens assombrosos dos 30 primeiros anos da colônia não se encerra com eles. Resta ainda João Lopes de Carvalho, piloto português que foi desterrado no Rio em 1511 e, após ser recolhido pelos espanhóis, retornou ao Brasil em 1519 como piloto de Fernão de Magalhães, apenas para, dois anos mais tarde, morrer em Bornéu, na Ásia, onde se achava em companhia de seu filho, um garoto indígena de nove anos, nascido no Rio de Janeiro. E o que pensar do grumete Francisco del Puerto, que viveu 14 anos entre os nativos do Prata e depois traiu os europeus que o recolheram, abrindo o portão de um forte à noite, para permitir que espanhóis e portugueses fossem massacrados pelos indígenas?

E esses são apenas alguns dos protagonistas dos 30 primeiros anos do Brasil – as três décadas perdidas. Sua história pessoal, e a própria história de sua época, pode ser reconstruída a partir de cartas, diários de bordo, relatos de viagem e referências esparsas encontradas em arquivos estrangeiros. A ausência de documentos oficiais tem dificultado a pesquisa sobre essa época e, na maior parte dos livros sobre a história do Brasil, o período que vai de 1500 a 1531 se reduz, em geral, a dois parágrafos.

As viagens dos espanhóis Vicente Yañez Pinzón e Diego de Lepe – que se anteciparam a Cabral em alguns meses – também têm sido virtualmente ignoradas pela historiografia oficial. Mas foram elas as primeiras missões exploratórias a aportar nas praias do que viria a ser o Brasil. Pouco mais tarde, a partir de 1504, chegaram os franceses. Embora tenham disputado arduamente com os portugueses, durante mais de 20 anos, o domínio da costa brasileira, a história oficial também tem dedicado pouca atenção a esses episódios – ao contrário, por exemplo, do que acontece com a bem documentada aventura da França Antártica, quando os franceses invadiram o Rio de Janeiro, em 1555, sob o comando de Villegaignon.

Na verdade, é como se, depois de um hiato de 30 anos, a história do Brasil só se iniciasse de fato com a chegada da "missão colonizadora" de Martim Afonso de Sousa, em 1531. Mas também aí persistem os mitos historiográficos. Afinal, ao contrário do que a maior parte dos textos afirma, Martim Afonso não veio fundar cidades ou iniciar a colonização do Brasil. Sua principal missão era, como se verá, explorar o rio da Prata – tido como a porta de entrada para as extraordinárias riquezas do Império Inca.

Este livro pretende contar a história das primeiras expedições ao Brasil e reconstituir a trajetória pessoal de náufragos e degredados, cujo relato encheu de ambição e de esperança a cabeça dos reis de Portugal e Espanha e determinou a ocupação do litoral sul do Brasil. Pretende recuperar também, na medida do possível, a vida cotidiana na comunidade fundada por alguns desses mesmos náufragos e degredados na ilha de Santa Catarina e em Cananeia; a história das primeiras expedições dos franceses à América e o dia a dia dos traficantes de pau-brasil, então chamados "entrelopos". O papel desempenhado por esses homens tem sido frequentemente ignorado e permanece à margem da história oficial. Embora vivessem para além dos limites, para além da lei e para aquém da ética, eles podem ser considerados os primeiros brasileiros – no sentido literal da palavra, como se verá.

Sem a perseverança, o esforço e a ambição desse elenco de personagens extraordinários, o destino do Brasil ao longo de suas três primeiras décadas teria sido inteiramente diferente. Afinal, foi durante esses anos turvos que o futuro país não só começou a estabelecer sua atual configuração territorial – expandindo-se para além dos exíguos limites impostos pelo Tratado de Tordesilhas – como forjou uma parte considerável de seu imaginário histórico. Mais do que isso: durante as três décadas esquecidas, o Brasil adquiriu seu nome, ajudou a batizar a América e, de certa forma, serviu até de modelo para *A Utopia*, de Thomas Morus.

Mesmo assim, a história empolgante desses anos perdidos não tem sido vista como um processo orgânico e coerente, nem narrada com os detalhes e a dramaticidade que a trajetória individual dos homens que a forjaram parece exigir e impor.

Quase 500 anos depois, náufragos, traficantes e degredados ainda não recuperaram seu lugar na história. É hora de fazê-lo.

I

OS ESPANHÓIS DESCOBREM O BRASIL

A praia estava deserta. Não havia ninguém ao longo da enseada e nem nas densas matas que a cercavam. A areia, porém, se encontrava repleta de pegadas, num sinal claro de que a terra era habitada. Tal evidência não impediu que os marujos recém-desembarcados gravassem seus nomes e o de seus navios nas árvores e nas rochas costeiras e, a seguir, imprimissem o dia, o mês e o ano de seu desembarque, tomando posse daquele território em nome da Coroa de Castela.

Era 26 de janeiro de 1500 e os homens comandados pelo capitão Vicente Yañez Pinzón tinham acabado de descobrir o Brasil.

Embora polêmica, a afirmação se baseia em fontes primárias e em pesquisas confiáveis. A viagem de Pinzón foi bem documentada, e cronistas do século XVI se referem a ela em detalhes. Passados cinco séculos, porém, o local no qual os navios de Pinzón aportaram ainda divide os historiadores. Para alguns pesquisadores portugueses, os espanhóis teriam desembarcado ao norte do cabo Orange, atual fronteira entre o Brasil e a Guiana Francesa. Mas, para seus rivais castelhanos – que se basearam no depoimento do próprio Pinzón –, o desembarque se deu no cabo Santo Agostinho, em Pernambuco.

Foi apenas em 1975 que o então capitão de mar e guerra e, mais tarde, contra-almirante Max Justo Guedes, à época diretor do Serviço de Documentação Geral da Marinha Brasileira, estabeleceu, de maneira irrefutável, que Pinzón e seus homens chegaram à ponta de Mucuripe, hoje incorporada à área urbana da cidade de Fortaleza, capital do Ceará – e a meio caminho entre o cabo Orange e o de Santo Agostinho (veja mapa na página 17).

Max Justo Guedes se baseou nos documentos originais que descrevem a jornada de Pinzón,[1] na polêmica judicial que se seguiu à viagem e, acima de tudo, em um mapa feito em 1501 pelo cosmógrafo Juan de la Cosa.

Graças ao depoimento dos cronistas da expedição, sabe-se que a terra surgira à frente de Pinzón e de seus homens poucas horas antes do desembarque. Era uma longa ponta, alta e verdejante, que entrava mar adentro, como um dedo, cercada de dunas de areia muito alva e resplandecente. Os marinheiros a avistaram com satisfação e alívio, já que, poucos dias antes, em alto-mar, a expedição passara por momentos terríveis: as quatro caravelas haviam enfrentado uma tempestade que se prolongara por uma semana. Quando muitos dos homens a bordo já consideravam aquela viagem sem volta, o sol brilhou outra vez. As águas do mar se tornaram turvas, coalhadas de plantas marinhas e de areia em suspensão, sinal de que eles estavam se aproximando da terra.

Pouco antes das dez horas da manhã do dia 26 de janeiro de 1500, montado na gávea, no alto do mastro de uma das caravelas, um marinheiro avistou os contornos azul-esverdeados do que parecia ser um grande cabo. Uma sonda foi lançada e indicou 16 braças (ou 28 metros) de profundidade. As embarcações avançaram com cuidado, ancorando a cerca de dez quilômetros da vasta enseada de águas cálidas e verdosas. Alguns botes foram enviados à terra e a cerimônia de posse foi realizada imediatamente.

O chefe da missão, Vicente Pinzón, era um navegador experiente. Oito anos antes de desembarcar no Brasil, ele tinha acompanhado Cristóvão Colombo na gloriosa viagem que, a 12 de outubro de 1492, os conduzira a certas ilhas misteriosas, repletas de árvores e de "gente nua [...] de corpos bonitos e cara muito boa [...] mansos e pacíficos".[2]

Embora tal arquipélago na verdade ficasse no mar do Caribe, tanto Colombo como Pinzón concluíram de imediato que haviam chegado ao litoral oriental da Ásia.

Apesar de em janeiro de 1500 essa tese parecer cada vez menos provável, Colombo e o próprio Pinzón continuavam acreditando que as terras que tinham descoberto em 12 de outubro de 1492 eram parte de Cipango (o Japão de Marco Polo) e que eles haviam encontrado o caminho marítimo que conduzia da Europa para a Ásia pela rota do poente. Mas o fato é que quase uma década se passara desde então e as opulentas cidades do Oriente, com suas sedas e suas especiarias, ainda não haviam sido encontradas nem por Colombo nem por nenhum de seus seguidores. Por isso, nos primeiros anos do século XVI, vastas extensões do oceano Atlântico continuavam sendo percorridas pelos espanhóis em busca de uma terra que não estava lá.

Dessa vez, Pinzón havia financiado a expedição do próprio bolso. Com o dinheiro que recebera como prêmio pela descoberta de 1492, ele armou quatro caravelas e contratou cerca de 150 homens, entre os quais seus sobrinhos Arias Pérez e Diogo Fernández, mais os pilotos Juan de Umbria, Juan de Xerez e Juan Quintero – veteranos das três primeiras viagens de Colombo. No dia 18 de novembro de 1499, a frota zarpou em direção às ilhas Canárias, localizadas em frente à costa ocidental da África.

O mapa abaixo representa a rota de Pinzón segundo três interpretações. A primeira indica sua chegada no cabo Orange. Essa tese foi defendida pelo historiador luso Duarte Leite, em 1926. A segunda estabelecida por Max Guedes marca sua chegada no Ceará e é a mais provável. A terceira o conduz até o cabo de Santo Agostinho (PE) e baseia-se nas afirmativas feitas pelo próprio Pinzón em 1515.

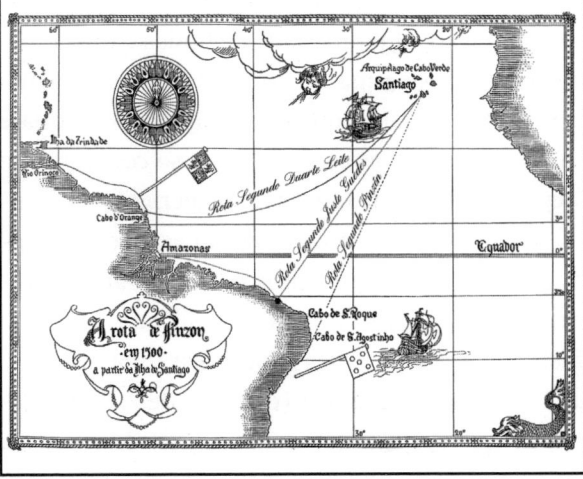

Antes do Natal de 1499, as quatro caravelas já aportavam em Santiago, uma das ilhas do arquipélago de Cabo Verde, na qual permaneceriam ancoradas por cerca de três semanas. Então, no dia 13 de janeiro de 1500, Pinzón partiu no rumo do sudoeste, em direção às novas terras que o próprio Colombo e Alonso de Hojeda tinham descoberto havia pouco mais de um ano, e que ficavam ao sul das ilhas do Caribe, achadas em 1492. Como seus dois antecessores, Pinzón também esperava chegar às porções continentais da Ásia.

Nos oito dias seguintes à partida de Santiago, tudo correu bem e os ventos alísios empurraram os navios de Pinzón no rumo desejado. Mas a 21 de janeiro, assim que a frota cruzou o equador e a estrela Polar – um símbolo universal de localização para os navegantes – "afogou-se" no horizonte norte, "nasceu uma terrível tempestade de ondas e turbilhões de vento".[3] Por uma semana, vagalhões enormes e os ventos uivantes que os acompanhavam quase fizeram soçobrar as caravelas. Elas só conseguiram "seguir seu caminho com grande perigo".[4]

Ironicamente, o mau tempo acabaria permitindo a Pinzón realizar uma das mais rápidas travessias entre o Cabo Verde e o Brasil. Suas caravelas gastaram apenas 13 dias para cobrir uma distância de 1.400 milhas náuticas (ou cerca de 2.390 km) – trajeto que custaria cerca de um mês de viagem a quase todas as expedições subsequentes, entre as quais a comandada pelo português Pedro Álvares Cabral. E então, na manhã de 26 de janeiro de 1500, vencidos todos os perigos do mar, Pinzón e seus homens desembarcaram em um cabo.

Eles o chamaram de "Santa Maria de la Consolación". Era a ponta do Mucuripe, no Ceará.

Ali, Pinzón permaneceu apenas um dia ou dois. Durante a noite, após o desembarque, seus homens tinham visto grandes fogueiras ardendo à distância, na costa que se estendia em direção ao noroeste. Na manhã de 27 (ou 28) de janeiro, a frota zarpou naquela direção. Depois de navegar pouco mais de 100 km, os navios chegaram à foz de um rio tão belo que Pinzón o batizou com o nome de rio Formoso. Provavelmente era o atual rio Curu, 120 km ao norte de Fortaleza.

Na praia, às margens do rio, havia cerca de 40 nativos. Os espanhóis desembarcaram em quatro escaleres e tentaram estabelecer contato com eles. Mas guizos, colares de contas e espelhos não foram capazes de atraí-los e os indígenas mantiveram distância. De repente, um deles lançou à areia um objeto dourado: era "uma vara", diz um dos cronistas da expedição, ou uma "barra de dois palmos", de acordo com outro.[5] Quando um dos marujos adiantou-se e se agachou para apanhá-la, os nativos se jogaram sobre ele. Armado de espada e escudo, o marinheiro lutou para se defender, mas foi morto por um golpe de tacape desferido pelas costas. Um conflito violento eclodiu então entre cerca de 20 espanhóis e os 40 nativos.

Em outubro de 1500, menos de um mês após ter retornado à Espanha, Pinzón manteve um encontro com o sacerdote, militar e historiador italiano Piero Martir de Anghiera[6] – que veio a se tornar o principal cronista daquela viagem. Durante uma tarde inteira, Pinzón contou a ele o que teria se passado às margens do rio Curu. Eis a narrativa do capitão, conforme redigida por Anghiera:

"Dentro do rio, aqueles homens belicosos cercam o bote, avançam temerariamente e agarram da margem o corpo dos escaleres. São trucidados à lança e à espada como ovelhas, porque estavam nus. Nem assim se retiram. Arrebatam do poder dos nossos um barco, depois de trespassado e morto com uma seta o seu mestre; os outros puderam safar-se. Para concluir em breves palavras (pois tão ansiosamente me fazes ver que te retiras): mataram oito dos nossos com setas e dardos e mal houve um que não recebesse alguma ferida. Se suas setas tivessem sido ervadas (envenenadas), nenhum dos nossos teria conservado a existência."

Esse primeiro encontro entre espanhóis e indígenas no Brasil é surpreendente e em tudo desigual àquele que, três meses mais tarde, aguardaria os portugueses, na Bahia. A explicação é simples: enquanto Cabral e seus homens encontraram-se com os Tupiniquim e estabeleceram com eles uma relação pacífica, os marujos de Pinzón desembarcaram no território dos Potiguar e podem tê-los provocado.

Os Potiguar – "comedores de camarão", em tupi – eram cerca de 90 mil. Seu território se estendia desde o rio Acaraú (100 km ao norte do Curu) até a altura da atual cidade de João Pessoa (uns 600 km mais ao sul). Embora os Potiguar fossem agressivos, alguns historiadores[7] acham que Pinzón não contou toda a verdade sobre o episódio. O fato de ele, pouco mais tarde, ter capturado 36 nativos para vendê-los como escravos na Espanha parece indicar que, naquele primeiro encontro, os espanhóis teriam tentado prender alguns indígenas – e foram rechaçados por eles.

O fato é que, após o embate às margens do rio Curu, Pinzón e seus homens decidiram partir, seguindo a linha da costa, no rumo do noroeste. No dia seguinte ao combate, vislumbraram outro acidente geográfico do litoral brasileiro. Era uma ponta arenosa, tão formosa e bem-feita que se assemelhava a "um vermelho bico de cisne mergulhando no oceano".[8] Decidiram chamá-la de "Rostro Hermoso" (ou "Face Linda"). Tratava-se da ponta de Jericoacoara – cuja beleza hoje atrai turistas de todo o mundo. Ali, Pinzón mandou fincar uma cruz com os brasões da Coroa de Castela e seguiu em frente, acompanhando os caprichosos contornos do litoral. Alguns dias mais tarde, outro capitão espanhol, Diego de Lepe, encontrou essa cruz. Poucas semanas depois, Lepe cruzaria a frota de Vicente Pinzón, sem vê-la.

Nos primeiros dias de fevereiro de 1500, a 40 léguas (ou cerca de 240 km) a nordeste da ponta de Jericoacoara, os homens de Pinzón viveriam a mais surpreendente experiência de sua viagem. Ela se iniciou quando eles escutaram um estrondo contínuo e inquietante. A seguir, seus navios foram agitados por correntes fortíssimas. Então, os marujos perceberam que as águas pelas quais navegavam já não eram salgadas: os baldes jogados do convés voltavam cheios de água doce.

Pela primeira vez na história, os europeus deparavam com o fenômeno que os indígenas chamavam de *pororoca* ("estrondo", em tupi-guarani). Era o majestoso encontro das águas do rio Amazonas com as águas do oceano Atlântico.

Vencendo a maré e balançando sobre ondas de quase dois metros, Pinzón seguiu em frente e logo chegou à imensa foz de um rio, "uma boca que saía no mar 15 léguas (cerca de 90 km), com grandíssimo ímpeto".[9] Os espanhóis concluíram que um curso d'água tão monumental só poderia "nascer em vastos montes"[10] e que necessariamente precisaria percorrer uma enorme distância antes de se tornar poderoso a ponto de "adoçar" o mar. Tiveram então a certeza de que a terra que ele banhava deveria ser parte de um continente: a Ásia, julgaram eles.

Aquele "mar doce" estava coalhado de ilhas – algumas enormes; todas "felizes pela fertilidade do solo"; a maioria "habitada de gente mansa e sociável, mas pouco úteis para os nossos porque não possuem produtos desejáveis, a saber: ouro e pedrarias".[11] A frota de Pinzón estava na baía de Marajó. Os nativos chamavam a região de Mariatambal. Pinzón manteve o nome, mas batizou aquele imenso curso d'água de *Santa Maria de la Mar Dulce*. Tinha acabado de descobrir o maior rio do planeta – o mesmo que, 40 anos mais tarde, seria chamado de Amazonas pelo primeiro explorador que o navegou da nascente à foz, o também espanhol Francisco de Orellana.

Pinzón decidiu explorar o interior da região, que julgava ser "a Índia além do Ganges, nas proximidades da grande cidade do Catai (a China)".[12] Seus navios subiram o curso do rio imenso, avançando contra a corrente e percorrendo cerca de 50 léguas (ou 300 km) com muita dificuldade. As margens eram densamente habitadas e repletas de aldeias ribeirinhas. Havia árvores tão grandes "que um cordão de 16 homens unidos pelas mãos não era capaz de abraçá-las".[13] Os animais eram todos desconhecidos e pareciam monstruosos. Um deles, um enorme sariguê (espécie de gambá), foi levado para a Espanha, onde chegou morto, mas seu corpo, "bem conservado, causou a admiração de quantos o viram".[14]

A exploração se prolongou por duas semanas. À noite, quando os navios ancoravam, da floresta ecoavam ruídos assustadores. Durante o dia, milhares de pássaros enchiam o ar com o trinado maravilhoso de seu canto. "Para não retornar sem ganho", conta Anghiera, "(Pinzón) levou daí 36 escravos, pois outra coisa não achou", embora, a cada novo encontro, os nativos lhe assegurassem que "dentro da terra havia grande quantidade de ouro" – ou pelo menos foi isso que os espanhóis entenderam dos sinais que os indígenas lhes faziam.

AS JORNADAS DE LEPE E DE HOJEDA

Enquanto os navios de Vicente Pinzón se encontravam navegando pelas águas escuras do Amazonas, uma outra expedição espanhola cruzou ao largo da baía de Marajó. Era uma frota de três caravelas, chefiada por Diego de Lepe – que, por coincidência ainda maior, era parente de Pinzón.

Lepe também partira de Palos, no início de dezembro de 1499. Como seu primo, ele zarpou em direção às Canárias e, a seguir, ancorou na ilha do Fogo, uma das dez que constituem o arquipélago de Cabo Verde, localizado em frente à costa do Senegal, na África. Dali, pegou o rumo do sudoeste, decidido a seguir a rota que Cristóvão Colombo descobrira em sua terceira viagem à América, em maio de 1498, e que já fora singrada pela expedição de Alonso de Hojeda e pela própria frota de Pinzón. Como os que tinham partido antes dele, Lepe também pretendia chegar aos fabulosos reinos de Cipango e Catai.

Ao cabo de 20 dias de navegação oceânica, Diego de Lepe avistou terra. Como restam pouquíssimas fontes para a reconstituição de sua viagem, não se sabe ao certo em que ponto da costa brasileira seus navios aportaram, no início de fevereiro de 1500. Alguns historiadores acham que foi no cabo de Santo Agostinho, em Pernambuco. Outros afirmam que foi no cabo de São Roque, o ponto da costa brasileira geograficamente mais próximo da África, localizado a uns 100 km ao norte da atual cidade de Natal, no Rio Grande do Norte.[15] Dali, Lepe teria seguido em direção ao sul, mas, ao perceber que a costa se inclinava em direção ao sudoeste, fez a volta e partiu para o norte, seguindo a mesma rota que Pinzón percorrera um mês antes.

Quando a frota chegou à baía de Marajó, Lepe deparou com aldeias fumegantes e nativos enfurecidos. Provavelmente era o resultado da recente passagem de seu primo Pinzón por ali. Mas disso Diego de Lepe não pôde obter notícia, já que, a cada desembarque, os indígenas atacavam seus homens com redobrada ferocidade. Certa ocasião, segundo a narrativa do frei Bartolomeu de las Casas, 11 tripulantes da frota foram surpreendidos quando enchiam barris com água de um córrego e mortos numa praia baixa e lamacenta.

Depois de capturar 20 escravos, provavelmente em algum lugar da costa hoje pertencente ao Maranhão, Lepe seguiu rumo às ilhas do Caribe, onde os espanhóis já haviam estabelecido alguns vilarejos. Durante esse percurso, feito em abril de 1500, Diego de Lepe se tornou o descobridor de toda a faixa litorânea que vai do cabo Norte, no atual Amapá, à foz do Oiapoque, o rio que hoje delimita a fronteira entre o Brasil e a Guiana Francesa.

O trecho seguinte do litoral – aquele que se estende do Oiapoque ao rio Corantijn (na atual fronteira entre o Suriname e a Guiana) – havia sido descoberto menos de um ano antes pelo espanhol Alonso de Hojeda, que navegara por ali em companhia do piloto e cartógrafo Juan de la Cosa e de um cosmógrafo florentino chamado... Américo Vespúcio. A presença de Vespúcio e de Juan de la Cosa nessa viagem a vincula à história do Brasil. Vale a pena, portanto, recordá-la. Para isso, contudo, é aconselhável recuar um pouco no tempo e averiguar o papel até então desempenhado por Hojeda na trama dos descobrimentos.

Alonso de Hojeda (ou Ojeda), jovem e temerário fidalgo, era o típico conquistador espanhol. "Alto e atraente", dizem que ele despertava "a atenção tanto de mulheres quanto de homens." Mas, além de corajoso e destemido, era também homem "ganancioso, rude e extremamente cruel".[16] Depois de participar, desde muito jovem, da luta pela reconquista cristã da Península Ibérica, ele se tornara um dos favoritos da rainha Isabel, mulher do rei D. Fernando. Diz a lenda que a soberana teria ficado impressionada com as piruetas que o jovem fidalgo fora capaz de realizar, pendurado em uma viga suspensa na Giralda, uma torre de mais de 50 metros no centro de Sevilha.

Fato ou ficção, a verdade é que Alonso de Hojeda se tornou também um protegido de D. Juan Rodrigues de Fonseca, bispo de Córdoba e responsável por todos "os negócios da Índia". Foi provavelmente para agradar aos dois principais admiradores de Hojeda – a rainha e o bispo – que Colombo o escolhera como capitão de uma das caravelas que fariam parte de sua segunda viagem à América. O almirante teria o resto da vida para lamentar a decisão.

De fato, em setembro de 1493, Colombo e Hojeda partiram da Espanha, a bordo de uma armada imponente, com 17 navios e 1.200 tripulantes. Embora eles tenham descoberto as ilhas de Porto Rico, Jamaica e Hispaniola (hoje dividida entre Haiti e República Dominicana), a viagem foi um fiasco. Após cometer uma série de atrocidades contra os nativos, Hojeda fugiu para Cuba sem se comunicar com o almirante. De lá, retornou para a Espanha. Ao chegar à Europa, conseguiu se livrar de todas as punições, não só por suas relações na corte mas também porque Colombo – que já se revelara péssimo administrador – estava caindo em desgraça com os Reis Católicos. Desse modo, suas acusações contra desertores como Hojeda foram solenemente ignoradas.

Ainda assim, em 1498, cinco anos após os desastrados episódios que marcaram essa segunda expedição ao Caribe, Colombo conseguiu obter financiamento para uma terceira tentativa de encontrar, a oeste da Europa, as ricas cidades do Oriente – as mesmas que Marco Polo havia visitado e descrito dois séculos antes.

Ocorre que, apenas três dias antes de Colombo zarpar de Sevilha, Vasco da Gama tinha chegado à Índia – embora disso, naquele momento, nem Cristóvão nem ninguém na Europa tivesse notícia. Com efeito, em 27 de maio de 1498 os portugueses haviam sido capazes de concretizar um sonho acalentado por quase um século: após contornar a África e cruzar o oceano Índico, Gama tinha descoberto a rota que conduzia da Europa ao reino das especiarias pelo único caminho marítimo possível.

Na verdade, fora apenas porque ficara sabendo que seu genro, o rei D. Manuel, de Portugal, havia enviado aquelas três caravelas comandadas por Vasco da Gama com a missão de atingir a Índia por mar – e porque soubera também que o rei da Inglaterra, Henrique VII, tinha acabado de contratar o genovês Giovanni Caboto para que ele tentasse descobrir um caminho marítimo para a China, através do mar do Norte – que D. Fernando havia decidido dar uma nova (e supostamente última) chance para Colombo.

Ao partir de Sevilha, em 30 de maio de 1498, Colombo decidiu mudar de tática, alterando radicalmente a rota que havia percorrido em suas viagens anteriores. Dirigiu-se direto até as Canárias, mas aí, ao invés de guinar para oeste, no rumo dos ventos alísios – rota que o conduziria novamente ao Caribe –, o almirante preferiu descer ao longo do litoral africano, e seguiu até o arquipélago do Cabo Verde. Só então guinou para o poente, cruzando o Atlântico em latitudes mais próximas da linha do equador (veja a rota das quatro viagens de Colombo abaixo).

> O mapa abaixo mostra a rota seguida por Colombo em suas quatro viagens à América. Na terceira delas, ao chegar às Canárias, o almirante decidiu "descer" até as ilhas do Cabo Verde e só então guinar para oeste. Essa rota guarda certas semelhanças com o caminho marítimo seguido por Vasco da Gama, cerca de um ano antes. Isso parece ser o indicativo de que Colombo de fato estava seguindo os conselhos que lhe teriam sido dados pelo rei D. João II, de Portugal.

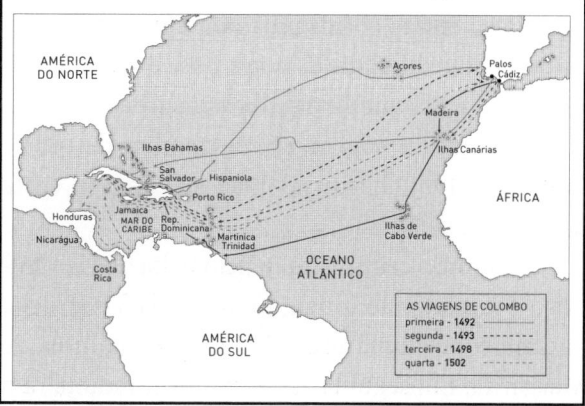

De acordo com o historiador americano Samuel Eliot Morison (1887-1976), ao escolher essa rota, o descobridor da América estaria, na verdade, disposto a comprovar uma informação que o rei D. João II, de Portugal (morto em 1495), teria lhe dado em 1493: a de que ao sul das ilhas do Caribe, que o próprio Colombo havia descoberto um ano antes, existia um continente.

Fosse assim ou não, o fato é que, ao meio-dia de 31 de julho de 1498, Cristóvão Colombo se tornou (sem o saber) o descobridor oficial da América do Sul. Embora cinco anos antes ele tivesse obrigado seus homens a jurar, sob terríveis ameaças, que a ilha de Cuba era terra firme, a verdade é que só naquele momento o almirante estava enfim aportando em extensões continentais.

Mais uma vez, porém, a primeira terra avistada era apenas uma ilha. Colombo batizou-a de Trinidad – nome que se mantém até hoje. Logo a seguir, a pequena frota (constituída por uma nau e duas caravelas, tão diferente da portentosa esquadra com 17 embarcações que ele orgulhosamente comandara em sua segunda viagem, entre setembro de 1493 e junho de 1496) chegou ao golfo de Pária, na costa da atual Venezuela.

Colombo cruzou então pelo delta do rio Orenoco e navegou ao longo do litoral da Venezuela, passando por uma grande ilha que chamou de Margarita. Em seguida, o almirante guinou para o norte, voltando a singrar, pela terceira vez em sua vida, as águas translúcidas do Caribe.

Apesar de os indígenas de Pária assegurarem que a região era rica em pérolas, Colombo não explorou a terra firme. Ao rei D. Fernando ele justificou essa atitude com duas explicações: primeiro, seus navios seriam "grandes demais para aproximar-se da costa".[17] De fato, as duas caravelas utilizadas naquela viagem tinham, respectivamente, 100 e 70 toneladas de arqueação. Seu calado era, portanto, bem maior do que o das caravelas "boas para descobrir" usadas pelos portugueses em explorações costeiras (que, em geral, tinham entre 25 e 40 toneladas). Além disso, o almirante estava "com os olhos quase perdidos por não dormir, devido às longas vigílias que havia tido".[18]

Em 18 de outubro de 1498, a nau capitânia da frota de Colombo partiu da ilha de São Domingos, no Caribe, em direção à Espanha, para comunicar as novas descobertas. O próprio Colombo permaneceria por mais dois anos no Caribe (de onde só retornaria em outubro de 1500, acorrentado e destituído de seus cargos). Em dezembro de 1498, quando a capitânia chegou a Sevilha, as notícias sobre as pérolas do golfo de Pária se espalharam pelo reino. Vários aventureiros se dispuseram a verificar a veracidade daquelas informações. Quem primeiro obteve licença real para explorar a região – concedida pelo bispo Fonseca e sancionada pela rainha Isabel – foi justamente... o belo e inescrupuloso Alonso de Hojeda, o desafeto de Colombo.

Assim, em 18 de maio de 1499, financiado por banqueiros e mercadores de Sevilha, e acompanhado pelo cosmógrafo Juan de la Cosa e pelo florentino Américo Vespúcio (que talvez também tenha ajudado a financiar a expedição), Hojeda partiu de Cádiz com três caravelas. A tripulação era formada "pelos homens mais brutais"[19] que Hojeda pudera recrutar – de tal forma que o historiador Samuel E. Morison chamou a frota de "uma esquadra semipirata". De fato, na viagem de ida, Hojeda vendeu armas e pólvora para os árabes no porto de Safi, no Marrocos; tomou uma caravela portuguesa que navegava ao longo da costa africana, incorporando-a à sua frota, e saqueou a casa da filha da amante de Colombo, Doña Beatriz de Pereza y Bobadilla, nas Canárias.

Em fins de junho de 1499, após cruzar o Atlântico, a expedição avistou terra. Provavelmente era o litoral das Guianas. Seguindo no rumo do noroeste, Hojeda cruzou pelo soberbo delta do Orenoco e, como Colombo antes dele, se espantou com o volume d'água que este rio jogava contra o mar – fenômeno muito similar à pororoca provocada pelo Amazonas e que Pinzón vislumbraria seis meses mais tarde. Ali, de fato, Hojeda obteve algumas pérolas, mas logo se incompatibilizou com os indígenas, depois que eles se recusaram a fornecer alimentos para a sua tripulação; 20 nativos – provavelmente os chefes – foram passados a fio de espada, em frente à tribo estarrecida.

Em seguida, a frota de Hojeda penetrou no golfo de Pária, que Colombo descobrira um ano antes, passou pela ilha Margarita e, a seguir, descobriu as atuais Bonaire e Curaçao, entrando no golfo de Maracaibo. Dentro dessa ampla baía, os espanhóis viram uma aldeia erguida sobre palafitas. Hojeda chamou-a de Venezuela, ou "pequena Veneza". Sem saber, estava batizando um futuro país.

Em fins de maio de 1500, depois de vários ataques a aldeias localizadas em várias ilhas do Caribe (e quando a esquadra de Cabral já havia deixado Porto Seguro, zarpando em direção à Índia) a frota de Hojeda iniciou seu retorno à Espanha. Levava 232 escravos a bordo – embora a rainha Isabel, convencida da inalienável "liberdade natural" dos nativos, tivesse proibido terminantemente a escravização dos habitantes das terras recém-descobertas.

Pelos curiosos meandros da História, a viagem de Alonso de Hojeda acabaria estabelecendo uma estreita e peculiar relação com a história do Brasil. Começando pelo fim: em 1854, Francisco Adolfo de Varnhagen (1816-1878), um dos mais profícuos historiadores brasileiros, defendeu a tese (e a ela se manteve fiel até a morte) de que Hojeda fora o primeiro europeu a chegar às terras que hoje pertencem ao Brasil. Tese essa que, na época, teve, como é fácil supor, grande impacto e repercussão nos círculos acadêmicos e no meio intelectual.

De acordo com Varnhagen, um mês após partir das Canárias, Hojeda teria aportado não nas Guianas, mas quase dois mil quilômetros mais ao sul, no delta do rio Assu, no atual Rio Grande do Norte, quase na fronteira com o Ceará, e só então seguido até a Venezuela. Ocorre que Varnhagen foi induzido ao erro pela carta que Américo Vespúcio redigiu em Sevilha, em 18 de julho de 1500, e enviou para Lorenzo di Pierfrancesco de Médici, narrando sua atribulada jornada em companhia de Hojeda (cujo nome não citou uma única vez, dando a entender que ele próprio chefiara a missão). Mas Vespúcio ou mentiu ou se equivocou nas medições astronômicas, errando em cerca de dez graus a latitude das terras então visitadas. Sabe-se hoje que a expedição de Hojeda e Vespúcio com certeza não esteve ao sul das Guianas.

De todo o modo, a própria presença de Américo Vespúcio na frota de Hojeda é o segundo ponto em comum entre essa viagem e a história do Brasil. Afinal, menos de um ano após seu retorno à Espanha, Vespúcio passaria a servir o rei de Portugal, partindo para uma nova expedição – quando, então, de fato viria ao Brasil. Por fim, foi também depois de acompanhar Hojeda em 1498 que o piloto e cartógrafo Juan de la Cosa produziu o primeiro mapa a representar a América – e também o primeiro no qual aparece um trecho do litoral brasileiro.

Companheiro de Colombo em suas duas primeiras viagens, em 1492 e em 1493, Juan de la Cosa fora recrutado, ou se alistou, na expedição de Hojeda. Nascido em Biscaia, na Espanha, em 1460, era um navegador de larga experiência. Na viagem que culminara com o descobrimento da América, em 1492, havia sido o capitão (e, segundo alguns historiadores, era o proprietário) da nau *Santa Maria*, na qual viajou o próprio Colombo e que naufragou no Caribe. Nos documentos relativos à expedição subsequente, realizada já no ano seguinte, 1493, la Cosa surge nos documentos identificado apenas como "mestre na arte de fazer cartas de marear". E foi justamente com essa qualificação que seu nome acabou se vinculando à história do Brasil.

Com efeito, ao retornar a Sevilha, em maio de 1500, ele começou a fazer o mapa que entraria para a história da cartografia mundial. Em junho, quando a carta já estava sendo desenhada, La Cosa ficou sabendo que uma expedição portuguesa, comandada por Pedro Álvares Cabral, havia descoberto "uma ilha" no Atlântico, mais ou menos a 15º de latitude Sul. Tal informação havia chegado à Europa através da caravela de Gaspar de Lemos, que

Cabral mandara retornar a Portugal com a notícia do descobrimento. De imediato, La Cosa tratou de incluir essa suposta "ilha" em sua obra.

No último dia de setembro de 1500, depois de ter deixado o Amazonas e seguido para o Caribe, Vicente Pinzón também retornara à Espanha. Há indícios de que, ao chegar em Sevilha, Pinzón se encontrou com Juan de la Cosa na primeira semana de outubro, quando o mapa já estava quase pronto. Ao final do mês, La Cosa partiria novamente para o mar. Antes de zarpar, porém, teve tempo de acrescentar à sua obra o trecho que representa a costa brasileira, desde o Ceará até o Amapá – trecho esse que lhe fora descrito por Pinzón.

O mapa de Juan de la Cosa se tornaria a principal prova de que Pinzón foi o primeiro navegador europeu a desembarcar oficialmente em terras hoje brasileiras, embora, até os estudos pioneiros de Max Justo Guedes (1927-2011), concluídos em 1975, fosse bastante difícil precisar exatamente onde. O próprio mapa tem uma trajetória atribulada: desapareceu no final do século XVI e só foi reencontrado em 1828, quando um diplomata holandês, o barão de Walckenaer, o adquiriu de um antiquário parisiense. Em 1832, Alexander von Humboldt estudou o mapa na própria biblioteca de Walckenaer e divulgou sua existência ao mundo científico. Em 1853, o Museu Naval de Madri conseguiu adquirir

> *Abaixo, a reprodução do trabalho feito por Max Justo Guedes, do Serviço Geral de Documentação da Marinha Brasileira, no qual ele justapõe os contornos do mapa de Juan de la Cosa aos contornos de um mapa atualizado do litoral brasileiro. Foi baseado nesta justaposição que Justo Guedes pôde concluir que Vicente Pinzón aportou na ponta de Mucuripe, no Ceará, tornando-se, assim, o primeiro navegador europeu a desembarcar oficialmente no Brasil.*

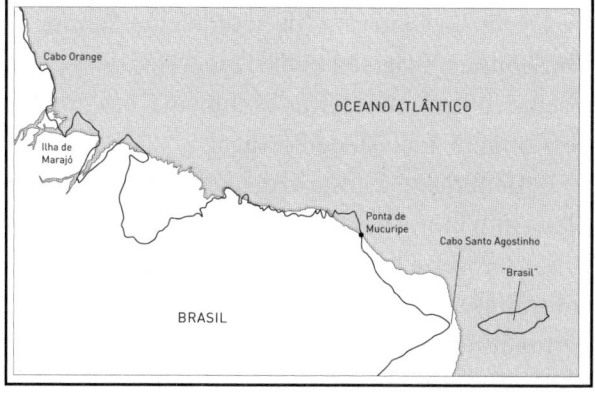

a obra de La Cosa e a incorporou ao seu acervo, do qual faz parte até hoje.

Foi lá, no ano seguinte, que Varnhagen o examinou e concluiu que Alonso de Hojeda estivera no Brasil em junho de 1499, seis meses antes de Pinzón e nove antes de Cabral. Mas seus estudos – que, mais do que no mapa de La Cosa, se fundamentaram no relato feito por Américo Vespúcio – estavam equivocados. Atualmente está provado que Hojeda não esteve em território brasileiro.

ENTRAM EM CENA OS PORTUGUESES

De qualquer forma, tudo isso não foi mais do que um mero prelúdio. Afinal, embora de fato tenham precedido Cabral em cerca de três meses, as expedições de Pinzón e de Diego de Lepe não tiveram, como bem se sabe, consequências práticas para a história do Brasil. Em primeiro lugar, Pinzón e Lepe estavam seguindo a nova rota aberta por Cristóvão Colombo em busca de Cipango e do Catai – e o próprio Colombo (de acordo com Samuel E. Morison, seu mais respeitável biógrafo) só seguira esse novo caminho graças às informações que lhe dera o rei D. João II, de Portugal.

Além disso, a costa visitada por Pinzón e por Lepe – um litoral baixo e lamacento, percorrido por tribos ferozes e banhado por correntes marítimas contrárias e perigosas – era de tal forma agreste que permaneceria inexplorada até o começo do século XVII, só sendo conquistada, e a muito custo, pelos portugueses Pero de Sousa e Martim Soares Moreno a partir de 1604. E por via terrestre.

E, de todo modo – soubesse ou não o rei D. João II da existência de uma "nova parte do mundo" sobre a qual teria comentado com Colombo –, o certo é que, no segundo semestre de 1497, quando navegava em direção à Índia, Vasco da Gama já pressentira, ele próprio, a existência dessas mesmas terras. Com efeito, no dia 22 de agosto daquele ano, depois de zarpar das ilhas do Cabo Verde, no rumo da Índia, Gama e seus homens avistaram, em pleno mar, aves marinhas voando "muito rijas, como aves que iam para terra".[20] Gama não pôde, nem quis, desviar sua rota para segui-las, mas a aparição foi registrada no seu diário de bordo. Naquele momento, os navegadores portugueses estavam interessados na verdadeira Índia – que eles sabiam que ficava a leste, para além do oceano Atlântico, depois do Cabo da Boa Esperança – e não nas terras que Colombo descobria a oeste.

Mas em junho de 1499, logo que Vasco da Gama retornou à Lisboa com a notícia longamente aguardada de que a Índia podia ser alcançada por mar, o rei de Portugal, D. Manuel, sucessor de D. João II, tratou de organizar o envio de uma nova expedição para o fabuloso reino das especiarias. Em sua jornada de ida, essa expedição poderia explorar também a margem ocidental do Atlântico, cuja posse Portugal assegurara desde o Tratado de Tordesilhas, firmado em 1494.

Assim, em 9 de março de 1500, oito meses após o retorno de Gama a Portugal – e enquanto Vicente Pinzón e Diego de Lepe já navegavam pelos limites setentrionais da América do Sul –, uma frota imponente, formada por dez naus e três caravelas, zarpou de Lisboa, com 1.500 homens a bordo. Sob o comando de Pedro Álvares Cabral, essa armada fora incumbida da missão de instalar uma feitoria em Calicute, na costa ocidental da Índia. Lá, deveria obter – pela diplomacia ou pelas armas – o monopólio do comércio de pimenta e canela, que, até então, se mantinha nas mãos de mercadores árabes. Esse era o objetivo primordial da missão comandada por Cabral.

Mas, antes de partir, Cabral manteve vários encontros com Vasco da Gama. O descobridor da Índia redigiu instruções náuticas detalhadas para o futuro descobridor do Brasil. Esse documento – que Cabral levou consigo a bordo – sobreviveu aos séculos e o rascunho dele está preservado na Torre do Tombo, em Lisboa.[21] Seguindo tais indicações, a frota de Cabral zarpou de Lisboa em direção à Índia pela rota que Gama e, antes dele, Bartolomeu Dias, tinham estabelecido.

Depois de 44 dias de viagem, no entardecer de 22 de abril de 1500 – quando a frota, por motivo nunca plenamente compreendido, se encontrava muito mais a oeste do que o necessário para contornar o cabo da Boa Esperança (a última ponta

Vasco da Gama, o descobridor do caminho marítimo para as Índias.

da África) –, Cabral e seus homens vislumbraram um morro alto e redondo, que batizaram de Monte Pascoal. Esse morro ficava no sul da Bahia. Foi a descoberta oficial do Brasil pelos portugueses. Os fatos e desdobramentos da jornada de Cabral estão narrados em detalhes no livro *Viagem do Descobrimento*, primeiro volume desta coleção.

Durante os dez dias seguintes, a frota de Cabral permaneceu ancorada em uma esplêndida enseada tropical, hoje chamada baía de Cabrália, a uns 20 km ao norte da atual cidade de Porto Seguro, reconhecendo o novo território. Durante esse tempo, manteve pacífica convivência com os nativos. Os indígenas com os quais os homens de Cabral fizeram contato eram os Tupiniquim – tribo tupi com a qual mantiveram um relacionamento bem mais amistoso do que aquele de Pinzón e Lepe com os Potiguar.

No dia 2 de maio, deixando em terra dois degredados (e dois grumetes que desertaram), Cabral partiu para a Índia. Na mesma manhã, a naveta de mantimentos (esvaziada de seu conteúdo) seguiu para Lisboa, sob o comando de Gaspar de Lemos, levando a bordo cerca de 20 cartas (entre as quais a célebre missiva de Pero Vaz de Caminha) nas quais Cabral, seus capitães e os escrivães da armada narravam a descoberta para o rei D. Manuel.

Enquanto a frota de Cabral navegava para o sul (seguindo o litoral possivelmente até a altura de

Cabo Frio, no Rio de Janeiro, antes de guinar para o sudeste, em direção ao cabo da Boa Esperança, e daí para a Índia), a caravela de Gaspar de Lemos avançava em direção ao noroeste, acompanhando a costa brasileira provavelmente até o cabo de São Roque, no Rio Grande do Norte – já que este acidente geográfico também aparece no mapa de La Cosa.

Em junho de 1500, a caravela de Lemos aportou em Lisboa. A bordo, além das cartas, de vários papagaios e alguns macacos, de amostras minerais de pouco valor e de toras de pau-brasil, o navio levava um índio (que Lemos provavelmente capturara após ter se separado de Cabral, já que o comandante fora terminantemente contrário ao aprisionamento de nativos). O primeiro indígena brasileiro a desembarcar em Portugal causou espanto na corte. Ele foi "recebido com alegria do Rei e do Reino. Não se cansavam os grandes e pequenos de ver e ouvir o gesto, a falla, os meneos daquelle novo indivíduo da geração humana", de acordo com o que escreveu o padre Simão de Vasconcelos, em 1658, sem citar suas fontes.[22]

D. Manuel e seus assessores atribuíram a descoberta de Cabral a "um milagre" e logo imaginaram que a nova terra seria "mui conveniente e necessária à navegação da Índia", já que ali Cabral "corrigiu suas naus e tomou água" – embora, "pelo grande caminho que tinha para andar", não pudesse explorar o território virgem.[23]

De fato, tudo parecia indicar que o Brasil seria a escala ideal em meio à longa viagem oceânica até a Índia. Tanto que a frota seguinte que D. Manuel enviou para o Oriente partiu de Portugal com instruções específicas para fazer pouso no Brasil. Essa expedição – a terceira que chegaria a Calicute, após as de Gama e Cabral – zarpou de Lisboa em 10 de março de 1501, um ano e um dia após a partida de Cabral. A viagem foi financiada pelo banqueiro florentino Bartolomeu Marchioni, que vivia em Lisboa e já havia arcado com boa parte das despesas da frota de Cabral. Outro banqueiro florentino, Girolamo Sernige, financiara a viagem de Vasco da Gama em 1497.

Composta por três naus e uma caravela, a terceira frota da Índia era comandada pelo fidalgo João da Nova. Àquela altura, embora já tivesse sido informado da descoberta do Brasil, o rei D. Manuel ainda não tinha notícia alguma do que sucedera com Cabral – nem mesmo se ele tinha conseguido chegar ao Oriente. Mas, naquele momento, Cabral não apenas chegara à Índia como já havia até iniciado a viagem de retorno. Em abril de 1501 – enquanto os navios de Cabral se preparavam para dobrar o cabo da Boa Esperança, deixando para trás o oceano Índico e voltando a singrar o Atlântico –, João da Nova avistava o cabo de Santo Agostinho, em Pernambuco. Depois de Pinzón, Lepe e Cabral, João da Nova se tornava, assim, o quarto navegador europeu a percorrer o nordeste brasileiro em um período de menos de 15 meses.

Nada se sabe sobre sua permanência no Brasil, que deve ter sido muito breve: apenas o tempo suficiente para reabastecer os navios com água fresca e víveres e limpar os cascos. Nos anos seguintes, porém, os portugueses concluiriam que o Brasil não era tão "conveniente e necessário para a navegação da Índia" quanto o rei e seus assessores de início haviam suposto.

E então, por cerca de 30 anos, aquele vasto território seria virtualmente abandonado pela Coroa portuguesa, sendo arrendado para a iniciativa privada e se tornando uma espécie de imensa fazenda extrativista de pau-brasil.

Iriam se iniciar as três décadas menos documentadas e mais desconhecidas da história do Brasil.

Reprodução seiscentista da nau a bordo da qual João da Nova seguiu para a Índia em março de 1501, fazendo escala no Brasil em abril.

II
Vespúcio e o batismo da América

O destino do Brasil começou a ser traçado dois meses após a partida de João da Nova para a Índia, quando D. Manuel armou uma nova expedição com o objetivo único de explorar o território que Cabral avistara um ano antes e averiguar que riquezas ele porventura possuiria. No dia 10 de maio de 1501, uma frota de três caravelas, comandada por Gonçalo Coelho, zarpou de Lisboa em direção ao Brasil. A bordo de um dos navios seguia o florentino Américo Vespúcio – a quem se deve o único relato existente dessa viagem. Vespúcio, que até poucas semanas antes servia aos Reis Católicos, Fernando e Isabel, de Aragão e Castela, fora recentemente contratado pela Coroa portuguesa provavelmente por recomendação de seu conterrâneo, o banqueiro Bartolomeu Marchioni.

Amigo de reis, ministros, embaixadores e banqueiros, tendo convivido com os maiores artistas de seu tempo (e da própria história da humanidade)

Américo Vespúcio era rico e culto, mas acabaria se revelando também homem presunçoso, muitas vezes arrogante e capaz de sonegar informações relativas às suas viagens, além de ser conivente com falsificações e versões apócrifas de suas cartas, com o objetivo explícito de "obter alguma fama após a morte".[1] E tal objetivo Vespúcio seria capaz de atingir em proporções muito maiores e impactantes do que ele jamais poderia supor.

Nascido em Ognissanti, um bairro de Florença, em 9 de março de 1454, Vespúcio era o terceiro filho de Anastácio Vespúcio (Vespucci, em italiano) e Lisa di Mini. Sua família era de classe alta e dela faziam parte um embaixador, um bispo e um banqueiro – todos amigos dos poderosos Médici, a família que levara Florença ao apogeu político e financeiro.

Na infância, Vespúcio estudou no Convento de São Marco, em Florença, sob supervisão direta de seu tio, o frade dominicano Giorgio Antonio Vespúcio. Típico homem do Renascimento, sábio helenista e latinista, frade Giorgio também foi o professor particular de Piero Soderini – nobre que iria se tornar o gonfaloneiro (um dos principais mandatários) da República de Florença e que, desde os bancos da escola, era amigo íntimo de Vespúcio.

Aos 17 anos, em 1471, Américo começou a trabalhar como contador na casa comercial e bancária de Lorenzo di Pierfrancesco de Médici. Embora entre 1478 e 1480 Américo tivesse sido secretário de seu tio, Guidantonio Vespúcio, que era embaixador de Florença em Paris, junto à corte de Luís XII (que Américo conheceu pessoalmente), seu trabalho no banco dos Médici era basicamente burocrático. Em 1491, após vinte anos de serviços tediosos, Vespúcio foi enviado para Sevilha, na Espanha, para ser um dos executivos da empresa dirigida por Juanoto Berardi, sócio dos Médici.

Foi após sua chegada à Espanha, em 1491, que Vespúcio começou a se tornar um dos personagens mais controversos da história dos descobrimentos.

Embora nascido em berço de ouro, Américo Vespúcio seria, de início, conhecido apenas como parente de Simonetta Vespúcio, a belíssima adolescente que serviu de modelo para o quadro O Nascimento de Vênus (abaixo), pintado por Botticelli em 1484. Há indícios de que o próprio Lorenzo de Médici fosse apaixonado por Simonetta.

Ele tinha quase 40 anos de idade. Seu novo patrão, o banqueiro e armador Juanoto Berardi, era um dos principais financiadores das viagens marítimas patrocinadas pelos Reis Católicos. Berardi possivelmente fora o responsável pela armação da esquadra com a qual Colombo descobrira a América em 1492. No ano seguinte, se tornou agente e procurador dos negócios de Colombo junto à corte espanhola.

Foi nessa condição que, em abril de 1495, Berardi se comprometeu a entregar aos reis Fernando e Isabel 12 navios – entre os quais a nau e as duas caravelas com as quais Cristóvão Colombo faria sua terceira viagem ao Novo Mundo, prevista para o início de 1497. Mas Berardi morreu em dezembro de 1495, e a pesada responsabilidade de entregar uma dúzia de embarcações recaiu sobre Vespúcio. Só no início de 1498 Américo conseguiu aprontar os navios – tornando-se, desta forma, amigo de Colombo.

Em maio de 1498, Colombo partiu da Espanha e, dois meses depois, chegou pela primeira vez à América do Sul. Um ano depois, o próprio Vespúcio decidiu se fazer ao mar. Numa carta posterior, ele iria revelar que estava cansado de notas cambiais e de trâmites burocráticos. Aos 45 anos, achava que novos ares e um pouco de aventura lhe fariam bem. Por isso, embarcou na frota comandada pelo truculento Alonso de Hojeda e zarpou de Cádiz em 18 de maio de 1499. Daquele dia em diante, novos ares e aventura não mais lhe fariam falta.

> *Simonetta Vespúcio foi eleita "Rainha da Beleza" de Florença em 1471. Ela morreu de tuberculose em 1476, aos 23 anos. O pintor Piero de Cosimo a retratou, de memória, anos depois, e pôs uma serpente em seu pescoço para simbolizar a doença que a vitimara (acima). Na mesma época, outro pintor, Domenico Ghirlandaio, retratou Vespúcio (ao lado) como figurante do quadro* Madonna della Misericordia. *Este é o único retrato autêntico de Vespúcio.*

Aparentemente, Vespúcio horrorizou-se com a brutalidade de Hojeda e decidiu se separar da expedição. Desembarcou na ilha de Hispaniola (hoje Haiti/Santo Domingo), no Caribe, após ter visitado o golfo de Pária e o litoral da Venezuela. A bordo de outro navio, retornou à Espanha, onde chegou nos primeiros dias de junho de 1500, antecipando-se em um mês ao retorno de Hojeda.

No dia 18 de julho de 1500, em Sevilha, Vespúcio redigiu uma carta de 15 páginas endereçada a seu patrão, Lorenzo de Médici. Nela, narrou minuciosamente sua viagem, omitindo o nome de Hojeda e se autointitulando o comandante da expedição. Era a primeira das várias cartas e dos muitos exageros que, em breve, fariam a fama de Vespúcio.[2]

Em fins de 1500, uma cópia dessa correspondência parece ter chegado ao rei D. Manuel, de Portugal, talvez por intermédio do banqueiro Bartolomeu Marchioni. Em janeiro de 1501, D. Manuel enviou a Sevilha o florentino Giuliano del Giocondo, funcionário graduado de Marchioni, com a missão de contratar Vespúcio.

É provável que o orgulhoso D. Manuel estivesse tão interessado em requisitar os serviços de Vespúcio pelo fato de que, naquele momento, havia grande carência de navegadores experientes em Portugal. Quase todos se encontravam envolvidos em outras missões: Cabral ainda estava em alto-mar, retornando da Índia, para onde João da Nova acabara de zarpar. Dali a poucos dias, Gaspar Corte Real partiria outra vez em direção à América do Norte, deixando Lisboa em 20 de maio de 1501, para seguir a mesma rota que, um ano antes, já o levara ao litoral do Canadá. Vasco da Gama – condecorado como Almirante das Índias – se preparava para retornar ao Oriente, chefiando a chamada "Esquadra da Vingança", que iria zarpar de Lisboa em 15 de fevereiro de 1502. E o grande Bartolomeu Dias, que em 1488 fora o primeiro navegador a dobrar o cabo da Boa Esperança, estava morto – embora disto D. Manuel ainda não tivesse conhecimento.

Américo Vespúcio chegou a Lisboa em fevereiro de 1501. Manteve um breve contato com o rei D. Manuel e, na segunda semana de maio, partiu para o Brasil. Esta viagem não só eternizaria seu nome como iria provocar uma grande revolução nos conceitos geográficos da Europa.

INTERLÚDIO EM BEZEGUICHE

Com Vespúcio a bordo – provavelmente como cosmógrafo ou, talvez, como piloto – a esquadra comandada por Gonçalo Coelho zarpou rumo às Canárias. Dali, seguiu em direção à baía de Bezeguiche (hoje Dakar), em frente ao arquipélago de Cabo Verde, na África, onde chegou no dia 2 de junho. Lá, a frota deparou com o navio de Diogo Dias, irmão de Bartolomeu Dias, que, um ano antes, se desgarrara da armada de Cabral, fora parar na Etiópia e agora estava retornando para Portugal com apenas seis homens a bordo. No dia seguinte, por uma extraordinária coincidência, também chegavam àquele mesmo porto africano, vindos de Calicute, dois navios da esquadra de Cabral. Durante 13 dias, as tripulações desses seis navios portugueses permaneceram em Bezeguiche, no Senegal. Os homens de Cabral e de Diogo Dias descansavam das fadigas do mar enquanto os de Gonçalo Coelho abasteciam os navios de água e lenha para a viagem ao Brasil. Ao longo de duas semanas, os capitães puderam trocar muitas informações.

As notícias que compartilharam lhes deram a certeza de que as terras descobertas na margem oeste do Atlântico deviam fazer parte de um continente. Afinal, em abril de 1500, ao mesmo tempo em que Cabral descobria o território que hoje constitui o Brasil, Gaspar Corte Real percorrera as vastidões geladas do Canadá. Pouco antes disso, em companhia de Hojeda, Américo Vespúcio estivera nas Guianas, na Venezuela e no Caribe. Não restavam dúvidas de que aquela vasta extensão de terra – que se prolongava desde 45º de latitude Norte até pelo menos 15º de latitude Sul – deveria estar interligada. Começou a nascer o conceito de um Novo Mundo: as terras que Colombo fora o primeiro a vislumbrar em 1492 não eram a Ásia, mas um novo e desconhecido continente.

Para Vespúcio, porém, mais importante do que essa nova visão da geografia planetária – da qual ele se aproveitaria amplamente – foi o fato de que, durante aqueles dias memoráveis em Bezeguiche, ele pôde obter também informações detalhadas sobre a Índia e seu rico comércio de especiarias. Embora agora trabalhasse para o rei D. Manuel, Vespúcio se mantinha extremamente leal ao seu patrão original, Lorenzo de Médici. E nada interessava mais aos Médici e a Florença do que o comércio de pimenta e canela – cujo monopólio estava nas mãos de Veneza, eterna rival e única república europeia que podia negociar diretamente com os turcos de Constantinopla (obtendo, assim, lucros extraordinários com a distribuição das especiarias para o resto da Europa). Fora justamente este o motivo que levara os banqueiros florentinos e genoveses a financiar as expedições ultramarinas dos portugueses, cujo objetivo era atingir a Índia por mar e furar o bloqueio estabelecido pela aliança entre turcos e venezianos.

Vespúcio obteve informações preciosas não da boca dos capitães portugueses, mas através de um dos mais intrigantes personagens da história dos descobrimentos: Gaspar da Gama, também conhecido como Gaspar da Índia. Judeu polonês de caráter errante, Gaspar vivera por anos em Alexandria, no Egito, tendo chegado à Índia por volta de 1470. Em setembro de 1498, ao visitar um dos navios de Vasco da Gama – quando eles estavam ancorados na ilha de Angediva, próximo a Calicute –, foi considerado um espião a serviço dos mercadores árabes e acabou capturado pelos portugueses. Levado para Lisboa, converteu-se ao cristianismo, adotou o sobrenome de seu poderoso padrinho de batismo e passou a circular com desenvoltura pela corte de D. Manuel. Em março de 1500, embarcou como intérprete na frota de Cabral – com o qual estava, agora, retornando da Índia.

Depois de longas conversações com Gaspar da Gama, Vespúcio escreveu uma carta de cerca de dez páginas para Lorenzo de Médici. Datou-a de 14 de junho de 1501 e, por um dos navios da frota de Cabral, a enviou para Portugal, de onde ela foi remetida para Florença. No dia seguinte, 15 de junho, enquanto Cabral zarpava para Lisboa, a frota de Gonçalo Coelho partia para o Brasil.[3]

A PRIMEIRA EXPLORAÇÃO OFICIAL DO BRASIL

Por mais de dois meses, os navios de Gonçalo Coelho enfrentaram primeiro as enervantes calmarias equatoriais do Atlântico e, depois, "o pior tempo que jamais um viajante experimentou, com muitos aguaceiros, turbilhões e tempestades".[4] A tormenta durou mais de dez dias. Então, a 17 de agosto de 1501, quando comida, lenha e água começavam a escassear, a expedição avistou terra. A frota levara 67 dias para fazer o mesmo trajeto que, um ano e meio antes, Pinzón percorrera em apenas 13.

Apesar de Vespúcio afirmar que as três caravelas ancoraram num lugar localizado a 5º de latitude Sul – o que remete à foz do rio Mossoró, na praia hoje chamada Areias Alvas, quase na divisa entre Rio Grande do Norte e Ceará –, o local mais provável do desembarque parece ter sido a Praia dos Marcos, no Rio Grande do Norte, cerca de 150 km ao sul de Areias Alvas.[5]

Ao desembarcar nessa praia de ondas fortes e areia fofa, os portugueses não viram ninguém. Mas, na manhã do dia seguinte, enquanto os marinheiros enchiam os tonéis de água fresca, colhiam palmitos e cortavam lenha, um grupo de indígenas surgiu no alto de um pequeno morro, próximo à praia. Embora os marujos lhes oferecessem guizos e espelhos, os nativos se recusaram a manter qualquer contato – exatamente como haviam feito os Potiguar encontrados por Pinzón. No dia 19 de agosto, dois marinheiros obtiveram permissão para descer à terra, penetrar na mata e negociar com os nativos. Gonçalo Coelho se comprometeu a aguardá-los durante cinco dias. Seis dias se passaram e nenhum dos homens retornou aos navios.

Então, na manhã de 24 de agosto – quando a frota já se encontrava ancorada há uma semana – a praia se encheu de mulheres. Gonçalo Coelho enviou à terra dois batéis com alguns homens a bordo. Um grumete desembarcou e foi logo cercado pelas nativas, que "o apalpavam e o examinavam com grande curiosidade". Quando ele estava no meio delas, uma mulher desceu do monte com um tacape nas mãos, aproximou-se do jovem marinheiro e, pelas costas, lhe desferiu um golpe na nuca.

"Então", diz Vespúcio, "as outras mulheres imediatamente o arrastaram pelos pés para o monte, ao mesmo tempo em que os homens, que estavam escondidos, se precipitavam para a praia armados de arcos, crivando-nos de setas, pondo em tal confusão a nossa gente, que estava com os batéis encalhados na areia, que ninguém acertava lançar mão das armas, devido às flechas que choviam sobre os barcos. Disparamos quatro tiros de bombarda, que não acertaram, mas cujo estrondo os fez fugir para o monte, onde já estavam as mulheres despedaçando o cristão e, enquanto o assavam numa grande fogueira, mostravam-nos seus membros decepados, devorando-os, enquanto os homens faziam sinais, dando a entender que tinham morto e devorado os outros dois cristãos."

Esse trecho – incluído na famosa *Lettera*, que Vespúcio escreveria em Lisboa em 4 de setembro de 1504, enviando-a para seu amigo de infância Piero Soderini, um dos principais mandatários de Florença – se constituiria na primeira descrição da antropofagia dos nativos da América na qual a vítima era um europeu. Como é fácil supor, a narrativa causou profundo impacto na Europa e transformou a carta num grande sucesso editorial. Apesar da indignação de seus subordinados – entre eles Vespúcio –, Gonçalo Coelho não permitiu retaliações aos indígenas e determinou que a frota zarpasse imediatamente, dando continuidade à exploração da costa em direção ao sul. Com o calendário litúrgico nas mãos, a expedição foi batizando todos os acidentes geográficos do litoral brasileiro pelos quais cruzou. O primeiro deles foi o cabo de Santo Agostinho, próximo ao Recife, avistado em 28 de agosto, dia consagrado a este santo. Em 4 de outubro de 1501, a expedição chegou à foz de um grande rio, que, pelo mesmo motivo, batizou de São Francisco. Ali, na atual fronteira entre os estados de Sergipe e Alagoas, os navios teriam permanecido ancorados por quase um mês, sem que até hoje se possa saber o motivo de uma parada tão longa.

Deixando o São Francisco para trás em fins de outubro, em companhia de três indígenas que decidiram juntar-se à expedição, a frota de Gonçalo Coelho chegou, em 1º de novembro de 1501, à baía que batizou de Todos os Santos. Lá, os marinheiros estabeleceram relações amistosas com os nativos. O próprio Vespúcio diria mais tarde, em uma de suas cartas, que, durante essa estadia, havia "comido e dormido durante 27 dias" com "os naturais da terra". Antes de partir, os portugueses compraram dez cativos que os nativos estavam se preparando para matar e comer em ritual antropofágico. Na volta à Europa, os venderam como escravos.

A próxima parada da frota foi na baía de Cabrália, próximo a Porto Seguro, onde, um ano e oito meses antes, o Brasil fora avistado pela primeira vez pelos portugueses. Na praia, assinalada com uma cruz, Gonçalo Coelho recolheu os dois degredados que haviam sido deixados por Cabral. Durante quase dois anos, os Tupiniquim os haviam tratado como hóspedes. De um desses homens, Afonso Ribeiro, Vespúcio iria obter uma descrição detalhada da vida cotidiana e dos hábitos dos nativos do Brasil. Tal depoimento, somado à sua experiência pessoal, lhe serviria de base para a redação de duas cartas.

Em Porto Seguro, naquele início de dezembro, a frota de Gonçalo Coelho também recolheu toras de pau-brasil – a árvore que, em breve, iria definir o nome e o futuro daquele território. Seguindo sua jornada para o sul, as três caravelas chegaram a um local esplendoroso no primeiro dia de 1502. Era uma ampla "boca de mar", cercada de vastas montanhas recobertas de mata luxuriante. Julgando se tratar da foz de um rio, os exploradores batizaram o lugar com o nome de Rio de Janeiro. Um ano mais tarde, em sua segunda viagem ao Brasil, Vespúcio voltaria ao local que os nativos chamavam de Guanabara – e ficou tão extasiado com sua beleza quanto da primeira vez.

Cinco dias depois de avistar o Rio de Janeiro, a frota ancorou em outra bela enseada. Como 6 de janeiro é dia de Reis, batizou-a de Angra dos Reis, nome que até hoje se mantém. Os dias estavam quentes, o mar tranquilo e chuvas eventuais refrescavam os homens e realçavam os perfumes exalados pela mata. "Algumas vezes me extasiei com os odores das árvores e das flores e com os sabores dessas frutas e raízes, tanto que pensava comigo estar perto do Paraíso Terrestre", escreveu Vespúcio. "E o que direi da quantidade de pássaros, das cores das suas plumagens e cantos, quantos são e de quanta beleza? Não quero me estender nisto, pois duvido que me deem crédito."[6]

Em fins de janeiro, as caravelas entraram em uma baía ao fundo da qual existia uma ilha, baixa e recoberta por mata muito fechada. Por motivo ainda desconhecido, tal ilha foi chamada de Cananeia, rompendo com o esquema de batizar os acidentes geográficos com o nome dos dias santos. Durante essa passagem por Cananeia no verão de 1502, Gonçalo Coelho teria abandonado ali o mais enigmático degredado da história do Brasil: o homem que, 25 anos mais tarde, ao ser encontrado pela expedição do espanhol Diego Garcia, passaria a ser conhecido como o Bacharel de Cananeia (e cuja vida atribulada será narrada mais adiante, no capítulo 5).

Cananeia, localizada no litoral sul de São Paulo, iria se tornar um dos locais mais importantes do Brasil na primeira metade do século XVI, e não apenas por causa da presença do Bacharel. Afinal, era exatamente ali que passava a linha estabelecida pelo Tratado de Tordesilhas – embora isso os portugueses ainda não soubessem.

Mas, com certeza, os integrantes da expedição de Gonçalo Coelho já tinham notado que, a partir de Cabo Frio (a uns 200 km ao norte da cidade do Rio de Janeiro) a costa brasileira começava a se inclinar nitidamente para sudoeste. Esse recuo em direção ao poente deve ter sido observado com preocupação, pois deixava claro que – de acordo com as estipulações de Tordesilhas – aquele vasto território não estaria dentro das possessões da Coroa lusa, mas na zona pertencente à Espanha.

Ao zarpar de Cananeia, em 15 de fevereiro de 1502, com água, mantimentos e lenha suficientes para seis meses de navegação, Gonçalo Coelho e seus comandados pareciam estar conscientes deste fato. Tanto é que, embora seguisse navegando para o sul, a frota foi se afastando do litoral, guinando para leste – em direção à África. Mas a rota seguida a partir de então continua sendo um mistério. Segundo Vespúcio, ao distanciar-se da costa, as caravelas navegaram para o sudeste por 49 dias, percorrendo mais de cinco mil quilômetros em alto-mar, sem avistar terra.

Então, a 3 de abril de 1502, despencou uma terrível tempestade austral. Os marinheiros tiveram que arriar rapidamente todas as velas. Com os mastros nus, as caravelas balançaram sobre vagalhões funestos durante 72 intermináveis horas. Os ventos eram gélidos e as noites muito longas. Segundo Vespúcio, em 6 de abril a escuridão perdurou por 15 horas. A essa altura, a frota estava em meio ao oceano Atlântico, a 53º de latitude Sul – equivalente à localização da atual cidade de Punta Arenas, na Patagônia chilena, nos confins do continente americano.

Na manhã de 7 de abril, em meio a um nevoeiro denso, a expedição julgou ter visto terra. "Era uma costa brava", escreveu Vespúcio, "e nela não avistamos porto nem gente. Mas era tanto o frio que ninguém da frota o podia remediar nem suportá-lo, de modo que, vendo-nos em tanto perigo e tormenta que não enxergavam os navios uns aos outros, pelo grande mar que fazia e pela grande cerração, decidimos partir sem demora a caminho de Portugal."

Não se sabe que terra é essa que Vespúcio disse ter avistado. Alguns historiadores supõem que fossem as ilhas Geórgias do Sul, que ficam a 54º de latitude Sul, a uns 1.000 km a leste das Malvinas. O mais provável, porém, é que Vespúcio e seus homens tenham avistado apenas um iceberg. De fato, naquelas latitudes, flutuam imensos blocos de gelo, em cima dos quais pousam albatrozes e gaivotas, ressaltando a impressão de que se trata de ilhas.

De todo modo, a esquadra logo guinou para nordeste. Depois de navegar por pouco mais de um mês, os navios chegaram a Serra Leoa, na costa ocidental da África, no dia 10 de maio de 1502 – um ano exato após a partida de Lisboa. Depois de 15 dias neste porto africano – onde uma das caravelas, infestada pelo caruncho (inseto similar ao cupim), foi queimada –, os dois navios restantes partiram para os Açores. No dia 22 de julho de 1502, a pri-

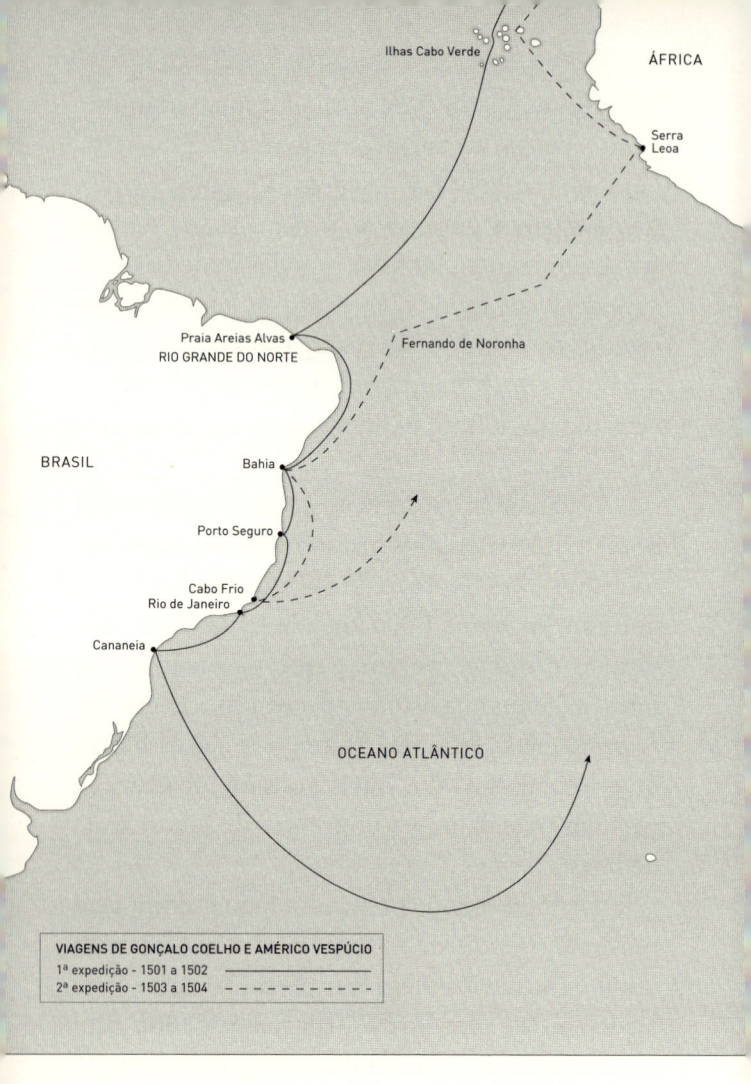

*No mapa acima, as rotas das duas viagens de
Gonçalo Coelho e Américo Vespúcio ao Brasil.*

meira expedição enviada ao Brasil enfim entrava no porto de Lisboa. Depois de 14 meses de viagem, as notícias que ela trazia eram decepcionantes: na terra descoberta por Cabral, nem ouro nem especiarias haviam sido encontrados. A Coroa logo encontraria uma outra maneira de explorar aquele vasto território ocidental.

A FARSA DE *MUNDUS NOVUS*

No início de agosto de 1502, uns dez dias após ter desembarcado em Lisboa, Américo Vespúcio tornou a escrever para Lorenzo de Médici narrando os acontecimentos relativos à viagem que fizera sob o comando de Gonçalo Coelho (cujo nome, como de hábito, não citou uma única vez). A carta, de apenas cinco páginas, estava repleta de insinuações sobre a natureza paradisíaca das terras recém-visitadas e fazia uma descrição vivaz, mas comedida, dos espantosos costumes de seus habitantes nativos. Fluente e elegante, a narrativa há de ter entretido o refinado patrão de Vespúcio. Depois de circular entre os Médici, a carta foi arquivada no Códice Strozziano, na biblioteca de Florença, e lá permaneceu esquecida por quase três séculos.[7]

Em agosto de 1504, porém, um dos primeiros grandes sucessos da história da literatura começou a ser vendido nas feiras e praças de Augsburgo, na Alemanha – e, logo a seguir, nos mercados e nas portas das igrejas de Paris e de Amsterdã, de Roma, de Sevilha e até de Praga. Era um panfleto de 15 páginas, escrito em latim, incrementado por algumas ilustrações e com um título bastante sugestivo: *Mundus Novus*. Seu autor chamava-se Américo Vespúcio. A narrativa vinha em forma de carta e seu destinatário era Lorenzo di Pierfrancesco de Médici.

O texto de *Mundus Novus* se concentrava nos aspectos mais sensacionalistas da viagem de Vespúcio. A vida sexual dos indígenas era narrada com profusão de detalhes libidinosos; os rituais tétricos do banquete antropofágico vinham descritos com perturbadora minúcia. Em cada parágrafo havia a evidente preocupação de ressaltar a exuberância daquela parte do mundo, a estranheza de seus animais, o tamanho descomunal de suas árvores, a lascívia e a crueldade de seus habitantes humanos.

O grande interesse que a recente descoberta das novas terras despertava na Europa somado ao tom escandaloso da narrativa transformaram *Mundus Novus* num sucesso editorial instantâneo. Só no ano de seu lançamento, a carta atribuída a Vespúcio teve 12 edições consecutivas, totalizando cerca de quatro mil exemplares vendidos – números impressionantes para o século XVI. Antes do fim

> *A ilustração abaixo é a primeira gravura produzida na Europa para representar os indígenas do Brasil. Trata-se de uma xilogravura feita pelo gravador alemão Johann Froschauer para ilustrar a primeira edição da carta* Mundus Novus, *publicada em Augsburgo em 1504. A imagem pertence ao arquivo da Biblioteca Pública de Nova York. Ao mostrar pedaços de corpos humanos pendurados em uma árvore e um nativo devorando o braço de uma vítima, essa imagem causou profundo impacto na Europa. Ao fundo, se veem dois navios dos viajantes portugueses.*

de 1505, o livro já havia sido traduzido para o alemão, o francês, o italiano, o holandês, o espanhol e o tcheco. Cada edição era enriquecida por novas ilustrações encomendadas pelos editores. As primeiras imagens da América publicadas na Europa foram as gravuras feitas para estimular a vendagem do panfleto assinado por Vespúcio.

E, no entanto, *Mundus Novus* era uma falsificação feita a partir da carta escrita em Lisboa, em agosto de 1502. A mera comparação entre a narrativa original e o livreto posto à venda em toda a Europa deixa claro que *Mundus Novus* era uma versão exagerada da carta sóbria e acurada que Vespúcio enviara para Lorenzo de Médici. Escrita em latim vulgar, repleta de contradições geográficas e de erros náuticos primários, *Mundus Novus* fora publicada com o objetivo de atingir um público interessado em obter informações sobre um mundo misterioso e até então desconhecido. Um novo mundo.

Até que ponto Vespúcio esteve diretamente envolvido com a fraude é uma questão que jamais foi e provavelmente nunca será elucidada. Mas como ele estava vivo durante o auge do sucesso do livreto, pode-se supor que tenha sido no mínimo omisso, se não de todo conivente, com os exageros publicados em seu nome – os quais jamais desmentiu. Como foi justamente a partir do sucesso de *Mundus Novus* que o nome de Vespúcio começou a se tornar conhecido em toda a Europa letrada, é pouco provável que os exageros lhe tenham desagradado.

Ainda assim, apesar de *Mundus Novus* ter ajudado a propagar a ideia de que as terras descobertas por Colombo não eram parte da Ásia mas um novo continente, não foi esta a carta que acabou fazendo com que o "Novo Mundo" fosse batizado com o nome de Américo Vespúcio. Dois anos e uma nova viagem ao Brasil ainda seriam necessários antes que Vespúcio atingisse plenamente seu objetivo de "obter alguma fama após a morte".[8]

O NOVO MUNDO GANHA UM NOVO NOME

De fato, no dia 10 de junho de 1503, 11 meses depois de ter retornado a Portugal, Américo Vespúcio voltou a partir para o Brasil – e outra vez em companhia de Gonçalo Coelho, o comandante com o qual ele havia rompido. A frota era formada por seis caravelas e levava como pilotos João Lopes Carvalho e João de Lisboa, homens que, mais tarde, iriam desempenhar, como se verá, papel importante na história do Brasil. Zarpando de Lisboa, os seis navios seguiram direto para Santiago, uma das ilhas de Cabo Verde, escala normal de quase todas as expedições.

Dali, por determinação de Gonçalo Coelho, a frota navegou para sudeste, em direção a Serra Leoa, para escapar das calmarias equatoriais do Atlântico (nas quais, um ano antes, a expedição anterior ficara retida por quase dois meses). Embora duramente criticada por Vespúcio, a tática deu certo, pois, no dia 10 de agosto de 1503, menos de um mês depois de zarpar de Serra Leoa no rumo do Brasil, os navios depararam com uma ilha, "coisa de grande altura no meio do mar, verdadeira maravilha da natureza".[9] Tal ilha foi então batizada de São Lourenço. No ano seguinte, porém, passaria a ser chamada de Fernando de Noronha – em homenagem ao chefe do consórcio que havia arrendado o Brasil, obtendo o monopólio do comércio de pau-brasil, e que havia financiado a expedição.

Ao se aproximar da ilha, o navio de Gonçalo Coelho teria se chocado contra um banco de recifes e encalhado, de acordo com Vespúcio. A tripulação se salvou, mas a caravela não. Então, após transferir cerca de 20 sobreviventes para o navio onde estava Vespúcio (do qual ele próprio seria o capitão) Coelho ordenou que Américo fosse procurar um "bom porto" na ilha – onde, mais tarde, a frota deveria se reencontrar, assim que Coelho tivesse recuperado o que ainda fosse possível salvar do navio.

Por uma semana Vespúcio garante ter permanecido ancorado sozinho em Fernando de Noronha – que ele descreveu como sendo "farta de água fresca e doce, com infinitas árvores, cheia de aves marinhas e terrestres, inumeráveis e tão familiares que se deixavam sem medo apanhar à mão, com duas léguas (aproximadamente 12 km) de comprimento e uma (6 km) de largura, em que efetivamente nenhum homem estivera ou hábitara".[10] Só no oitavo dia uma das caravelas da frota chegou ao porto que Vespúcio encontrara – e ainda assim apenas para informar que Gonçalo Coelho e os outros três navios já haviam zarpado em direção ao litoral do Brasil.

Vespúcio diz ter partido então no mesmo rumo, indignado por ter sido deixado para trás e sentindo-se ludibriado pelo capitão-mor. Quatro dias mais tarde, chegou ao cabo de Santo Agostinho, na atual costa de Pernambuco. Dali, seguiu costeando o litoral até entrar, 17 dias mais tarde, na baía de Todos os Santos, que ele e Gonçalo Coelho haviam descoberto um ano antes e onde, supostamente, toda a frota deveria se reencontrar. "Mas esperamos ali bem dois meses e quatro dias e nada aconteceu", relatou Vespúcio.

Então, julgando que os demais navios haviam se perdido "pela soberba e loucura de nosso capitão", o florentino decidiu assumir o comando da expedição e dar continuidade à missão da qual ela fora incumbida, "porque a ordem que recebêramos do rei era seguir o rumo da navegação precedente, qualquer que fosse o perigo que houvesse". Assim, em fins de novembro de 1503, as duas caravelas zarparam para o sul, navegando cerca de 260 léguas, ou aproximadamente 1.600 quilômetros, pouco menos.

Em maio de 1504 chegaram a Cabo Frio, no atual estado do Rio de Janeiro.

Ali, a expedição permaneceu durante cinco meses, "erguendo uma fortaleza e carregando os navios com pau-brasil".[11] Apesar de Vespúcio ter usado o termo "fortaleza", tratava-se apenas de uma feitoria: simples paliçada erguida em torno de um casebre e de algumas roças. Foi o primeiro estabelecimento lusitano no Brasil – um posto avançado da civilização europeia em meio à floresta tropical. Segundo o relato de Vespúcio, 24 homens foram deixados ali, presumivelmente os integrantes da caravela de Gonçalo Coelho que Vespúcio recolhera em Fernando de Noronha. Com eles ficaram 12 bombardas e mantimentos para seis meses.

É possível que, no instante em que Vespúcio estava em Cabo Frio, seu desafeto, Gonçalo Coelho, estivesse poucos quilômetros mais ao sul, fundeado na baía de Guanabara. Lá, o comandante da frota também teria decidido construir uma feitoria, já que, a partir de 1504, a expressão "carioca" – que em tupi significa "casa de branco" – passaria a ser associada à baía de Guanabara. Esse estabelecimento teria destino mais auspicioso do que a feitoria de Vespúcio: ele sobreviveu até 1517, quando o navegante Cristóvão Jaques decidiu transferi-lo para a ilha de Itamaracá, em Pernambuco.

Mas não existem provas definitivas de que a chamada "Carioca" tenha sido de fato erguida por Gonçalo Coelho. Alguns historiadores, em especial Fernando Lourenço Fernandes, acreditam que a feitoria de Coelho na verdade ficava na ilha do Gato, hoje ilha do Governador, no fundo da baía de Guanabara e então habitada pelos Temiminó, inimigos dos Tamoio, que ocupavam o restante da baía e que logo se tornariam inimigos dos portugueses e aliados dos franceses.

Enquanto o rancho fortificado de Cabo Frio estava sendo construído, Vespúcio organizou uma expedição para explorar a região. Com uma tropa de 30 homens, ele percorreu 40 léguas (uns 250 km), provavelmente pelo vale do rio São João, até deparar com a barreira da serra dos Órgãos. A marcha durou cerca de um mês. Foi a primeira incursão dos europeus pelo interior do Brasil – mas, além de "broncas tribos nômades"[12] vivendo em meio a uma natureza exuberante, Vespúcio não encontrou nada de valor. Então, julgando ter "pacificado toda a gente daquela terra",[13] retornou ao porto onde seus navios estavam ancorados. Deixando para trás o primeiro povoado habitado por europeus no Brasil, ele partiu de volta para Portugal em abril de 1504.

A *LETTERA*

Em 18 de junho – um ano e oito dias depois de ter deixado Lisboa –, Américo Vespúcio estava de volta à Europa. Como de hábito, tratou de escrever para os nobres florentinos relatando suas experiências no além-mar. Desta vez, o destinatário da carta era Piero Soderini, um dos mandatários de Florença e amigo de infância de Vespúcio. A correspondência, datada de 4 de setembro de 1504, ficaria conhecida como *Lettera a Soderini*, ou simplesmente *Lettera*. Dois anos mais tarde, ao ser publicada em forma de folhetim, ela desfrutaria de um sucesso ainda maior do que o de *Mundus Novus*. Seu êxito foi tão extraordinário que as terras descobertas por Colombo, e por outros exploradores que o seguiram, passaram a ser chamadas de América.

Ironicamente, a carta que eternizou o nome de Vespúcio seria também responsável por uma avalanche de críticas ao seu comportamento – pelo menos nos círculos eruditos. Afinal, alguns anos após a morte de Vespúcio, a análise detalhada da *Lettera* faria com que ele passasse a ser acusado de charlatão. O manuscrito original da carta para Soderini nunca foi encontrado. O texto mais próximo da versão original é o folhetim chamado *Lettera di Amerigo Vespucci delle isole nuovamente trovate in quatro suoi viaggi* ("Carta de Américo Vespúcio sobre as Ilhas Recentemente Achadas em suas Quatro Viagens"). Desde o título, o livreto fora escrito para provar que Vespúcio havia feito não três, mas quatro viagens ao Novo Mundo.

O mais desconcertante é que a "nova" viagem descrita pela *Lettera* teria sido feita *antes* das três expedições nas quais a presença de Vespúcio está comprovada por uma série de documentos (ou seja: a viagem com Alonso de Hojeda em 1499 e as duas expedições com Gonçalo Coelho, em 1501 e 1503). De acordo com a *Lettera*, Vespúcio teria partido de Cádiz em maio de 1497, e, após navegar por 18 meses, descoberto os litorais de Honduras, México, parte da planície de Yucatán e o sul da Flórida. Ao retornar para a Espanha, em outubro de 1498, teria se tornado, assim, o primeiro europeu a percorrer vastas extensões da América Central e da América do Norte.

Mas hoje está provado que tal viagem nunca se realizou, já que nenhum outro documento e nenhum outro cronista se refere a ela. Américo Vespúcio – ou alguém interessado em glorificar seu nome e enriquecer com a venda dos panfletos que narravam tantas peripécias – simplesmente a inventou, misturando informações tiradas dos diários de Colombo, do livro de Marco Polo e de outras cartas do próprio Vespúcio. Ao contrário de *Mundus Novus*, porém, as mentiras publicadas na *Lettera* eram tão flagrantes que a farsa parecia destinada ao fracasso. Tanto é que o folhetim publicado em Florença em julho de 1506 vendeu pouco e não passou da primeira edição. No resto da Europa, porém, aconteceria exatamente o contrário.[14]

Tudo começou na França. Em fins de 1505, surgira no vilarejo de Saint-Dié, na região dos Vosges, entre Nancy e Estrasburgo, uma pequena academia de eruditos chamada Ginásio Vosgense. Influenciados pelo espírito do Renascimento e contando com o generoso patrocínio do mecenas Renato II, duque de Lorena, um grupo de intelectuais, liderado por um certo Vautrin Lud, decidiu se dedicar ao estudo das questões cosmográficas e das descobertas ultramarinas que tanto empolgavam os humanistas da Europa. Deste grupo fazia parte o matemático, cosmógrafo e desenhista Martin Waldseemüller.

Aproveitando-se das novas técnicas de impressão – inventadas por Johannes Gutenberg em 1455 – e do sucesso que as obras geográficas (especialmente os mapas e o livro escrito pelo grego Ptolomeu no início da era Cristã estavam obtendo na Europa, o Ginásio Vosgense passou a publicar relatos de viagem. Uma de suas primeiras obras foi justamente uma versão em latim da *Lettera a Soderini*, lançada com o título de *Quatuor Americi Vespucci Navigationes* ("As Quatro Navegações de Américo Vespúcio"). Traduzida do italiano por Jean Basin, com introdução de Mathias Ringmann e mais de dez ilustrações, o livro, lançado em 25 de abril de 1507, foi um sucesso instantâneo. Só no ano de seu lançamento, foi reeditado sete vezes. Em 1508, foram 12 as reedições. Quase dez mil exemplares foram vendidos na Europa.

Mas não foi só. Para acompanhar essa versão latina da *Lettera*, o Ginásio Vosgense resolveu publicar também, no mesmo volume, uma *Introdução à Cosmografia de Ptolomeu*. Embora as novas descobertas feitas por portugueses e espanhóis estivessem derrubando quase todas as teorias desse geógrafo grego que vivera no século I, a obra de Cláudio Ptolomeu, ironicamente, estava em alta. Desde o advento da imprensa, o florescente mercado editorial europeu fora inundado pela publicação de dezenas de edições de livros de geografia clássica. Os 27 mapas que Cláudio Ptolomeu fizera séculos antes – embora ultrapassados – se tornaram um anacronismo rentável.

Por iniciativa do jovem cosmógrafo Martin Waldseemüller, o Ginásio Vosgense decidiu "revisar e ampliar" a obra de Ptolomeu, tendo como base as "descobertas" feitas por Vespúcio. E assim, em um texto que se tornaria profético, Waldseemüller escreveu: "Agora que uma outra parte do mundo, a quarta, foi descoberta por Americum Vesputium, de nada sei que nos possa impedir de denominá-la, de direito, Amerigem, ou América, isto é, a terra de Americus, em honra de seu descobridor, um homem sagaz, já que tanto a Ásia como a Europa receberam nomes de mulheres".

Em um dos mapas que fez para acompanhar o livreto de 52 páginas, Waldseemüller usou pela primeira vez a palavra "América", colocando-a sobre o território que representa o Brasil, na mesma latitude em que se localiza Porto Seguro (veja esse mapa na página seguinte). O novo continente estava batizado.

Cristóvão Colombo morrera quase que exatamente um ano antes, em 20 de maio de 1506, amargurado e na miséria. Os eruditos de Saint-Dié não ignoravam suas descobertas. Mas, até pelo menos 1514, muitos geógrafos – Waldseemüller entre eles – acreditavam que as ilhas achadas por Colombo em outubro de 1492 de fato eram os limites ocidentais da Ásia, enquanto a América do Sul (supostamente descoberta por Vespúcio na viagem de 1497 e de fato explorada por ele próprio entre 1501 e 1504) seria um continente autônomo, totalmente separado delas ou, quando muito, interligado ao arquipélago por um istmo. Foi só depois da descoberta do oceano Pacífico, feita por Vasco Nuñez de Balboa, em setembro de 1513, que os cartógrafos do século XVI passaram a ter uma ideia um pouco mais próxima da realidade. E somente após o descobrimento do estreito de Magalhães, em 1519, o quadro geográfico iria adquirir molduras mais definidas.

Em fins de 1513, cedendo às pressões da Coroa castelhana, Martin Waldseemüller retirou sua proposta de batismo. Chegou a sugerir que o Novo Mundo fosse chamado de Colômbia. Mas era tarde demais: as múltiplas ressonâncias da palavra América caíram no gosto popular. Em 1516, até o genial Leonardo da Vinci passaria a utilizar esse nome, colocando-o em um mapa que preparou a pedido da poderosa família Médici.

Vinte anos mais tarde, quando ficou claro que Vespúcio – ou alguém agindo em seu nome, com ou sem conhecimento dele – havia forjado

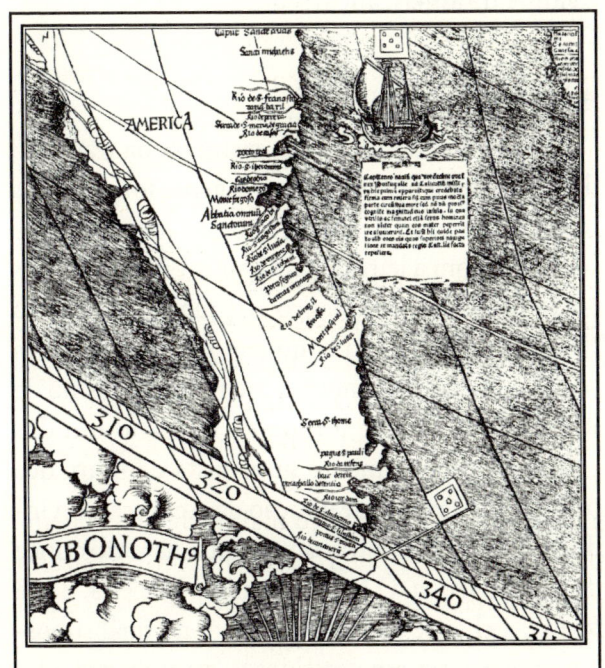

Mapa de Waldseemüller, feito em 1506, no qual o nome "América" aparece pela primeira vez.

a viagem de 1497, o nome "América" começava a se popularizar na Europa, tendo sido adotado até por cartógrafos portugueses e, embora com muita relutância, aceito até pelos espanhóis. Desta forma, a "quarta parte do mundo" acabou sendo batizada com o nome de um homem que não fora o seu descobridor. De acordo com um texto escrito em 1900 pelo historiador brasileiro Capistrano de Abreu, "a falsidade e a galanteria" foram "pavoneadas pela imprensa e, por força delas, temos hoje o nome de americanos".

A UTOPIA

Por volta de 1510, um exemplar da tradução da *Lettera* feita pelo Ginásio Vosgense foi parar nas mãos do reverendo inglês Thomas Morus. Entusiasmado com a leitura das *Quatro Viagens*, Morus então escreveu seu clássico *A Utopia*, lançado na Basileia, na Suíça, em latim, em 1516, com a obra sendo editada por ninguém menos que Erasmo de Rotterdã. O livro se tornou de imediato um dos clássicos do pensamento humanista e foi um dos primeiros a fazer a idealização da América, servindo-se dela como contraponto para uma visão crítica da velha Europa. O Novo Mundo ofereceria, dessa forma, a chance de um recomeço, no qual supostamente não seriam repetidos os erros do passado. O herói da *Utopia* é um velho marujo português,

Rafael Hitlodeu (ou Hythlodaeus – "contador de histórias", em grego), que, "jovem ainda, abandonou sua fortuna e, devorado pela paixão de correr o mundo, juntou-se a Américo Vespúcio nas três últimas de suas quatro viagens, cujo relato hoje se lê em quase todo lugar". Embora fiel companheiro de Vespúcio, ao final da expedição Hitlodeu pediu permissão ao capitão e decidiu que "não retornaria à Europa com ele" pois resolveu ficar junto com "os 24 homens que foram deixados em uma fortaleza, nos confins do Novo Mundo".[15] Por algum tempo, Hitlodeu viveu na feitoria criada por Vespúcio, próximo ao Rio de Janeiro. Mas então, ele e cinco companheiros resolveram percorrer o mundo. Primeiro, viajaram para o Oriente, dobrando o Cabo da Boa Esperança, tendo alcançado até a Taprobana (as opiniões diferem se se tratava de Ceilão ou de Sumatra, próximo de Málaca). Mas, desiludidos com o que viram lá, empreenderam a viagem de volta, outra vez na direção do Novo Mundo. Após uma série de desventuras, acabaram chegando à ilha de Utopia – um mundo igualitário, onde os nativos viviam em perfeita harmonia política, social e ecológica.

As indicações dadas por Morus sobre a localização de Utopia permitem supor que ele se baseou na ilha de Fernando de Noronha, descoberta por Vespúcio na mesma viagem na qual ele fundou a feitoria. Na vida real, porém, o destino dos 24 homens deixados por Américo Vespúcio em Cabo Frio nada teve de utópico: eles foram trucidados pelos índios, "por causa dos conflitos havidos entre eles".[16]

III

A TERRA DO BRASIL

Apesar dos exageros e incorreções, a *Lettera* de Américo Vespúcio para Piero Soderini com certeza continha várias passagens verídicas. Uma delas é o trecho no qual, referindo-se ao final de sua primeira viagem ao Brasil, realizada entre maio de 1501 e julho de 1502, Vespúcio afirma: "Nessa costa não vimos coisa de proveito, exceto uma infinidade de árvores de pau-brasil [...] e já tendo estado na viagem bem dez meses, e visto que nessa terra não encontrávamos coisa de metal algum, acordamos nos despedirmos dela".

Deve ter sido exatamente esse o teor do relatório que Vespúcio entregou para o rei D. Manuel, em julho de 1502, logo após desembarcar em Lisboa, ao final de sua primeira viagem sob bandeira portuguesa. O diagnóstico de Vespúcio selou o destino do Brasil pelas duas décadas seguintes. Afinal, no mesmo instante em que era informado pelo florentino da inexistência de metais e de especiarias no território descoberto por Cabral, D. Manuel já vinha concentrando todos os seus esforços na busca pelas extraordinárias riquezas do Oriente.

Estímulo para isso não lhe faltava: ainda em julho de 1501, um ano antes de ler o relatório de Vespúcio sobre as diminutas potencialidades comerciais do Brasil, o monarca havia recebido o próprio Pedro Álvares em audiência na corte. Retornando da Índia, o descobridor do Brasil trazia três caravelas repletas de pimenta, gengibre, noz-moscada, almíscar, açafrão, sândalo, âmbar, seda e porcelanas, além de alguns diamantes, pérolas e rubis. Nove das 13 embarcações com as quais Cabral partira de Lisboa em março de 1500 haviam naufragado, e mil homens estavam mortos – a maioria nos naufrágios, outros em combate contra mercadores árabes, na Índia. Ainda assim, o valor das mercadorias obtidas por Cabral foi duas vezes maior do que os gastos com a expedição.

Era normal, portanto, que D. Manuel voltasse sua atenção e todos os seus esforços para a conquista da Índia. Como a Coroa não possuía recursos financeiros nem humanos para atuar em duas frentes (ou três, já que as feitorias estabelecidas ao longo da costa ocidental da África continuavam ativas), o rei decidiu arrendar para a iniciativa privada a exploração das terras encontradas na margem ocidental do oceano Atlântico. Assim, no segundo semestre de 1502, D. Manuel assinou um "contrato de arrendamento" do Brasil com um consórcio de ricos mercadores lusitanos. Este contrato determinava as condições sob as quais deveria ser explorado comercialmente o vasto território do qual Vespúcio tinha acabado de retornar.

Foi uma solução engenhosa, mas não original. Em novembro de 1469, o rei Afonso V, um dos antecessores de D. Manuel, havia tomado decisão semelhante. Mais interessado na África do Norte do que na distante África negra, aquele monarca firmara um contrato com um certo Fernão Gomes, abastado comerciante de Lisboa, passando-lhe a responsabilidade de organizar todas as viagens ao longo do litoral africano. Em troca do monopólio do comércio de pimenta-malagueta (e da possibilidade de traficar também ouro, marfim e escravos vindos da Guiné), Fernão Gomes era obrigado a descobrir cem léguas (ou cerca de 600 km) de costa por ano durante cinco anos, e a entregar ao rei uma renda anual de 200 mil réis. O prazo foi depois aumentado para seis anos.

A decisão de D. Manuel de fazer um contrato semelhante com um consórcio de comerciantes liderado por Fernando de Noronha viria a ter enorme repercussão no primeiro quarto de século da história do Brasil. Ainda assim, nem um único documento relativo a essa resolução foi encontrado nos arquivos portugueses. Os termos da negociação só se tornaram conhecidos graças a uma carta escrita por um agente italiano.

Em 3 de outubro de 1502, Pietro Rondinelli, comerciante florentino residente em Sevilha, enviou para o governo de Florença uma correspondência na qual dizia: "Américo Vespúcio estará aqui dentro em poucos dias, o qual suportou bastantes fadigas e teve pouco proveito, pois merecia mais do que o ordinário; e o rei de Portugal arrendou a terra que ele descobriu (*sic*) a certos cristãos-novos, que são obrigados a mandar todos os anos seis navios e descobrir 300 léguas (cerca de 1.800 km) anualmente, e a fazer uma fortaleza no território descoberto e mantê-la nos ditos três anos. No primeiro ano, nada pagam à Coroa. No segundo, pagam 1/6 (do valor total da mercadoria) e no terceiro, 1/4 e fazem conta de trazer pau-brasil e escravos e talvez achem coisa de proveito".[1]

Como muitos dos negociantes de Florença, a família Rondinelli era ligada à fiação, tecelagem e tingimento de tecidos. E a informação de que a exploração do pau-brasil fora concedida a um conhecido grupo de cristãos-novos portugueses era uma notícia importante para a indústria têxtil – que, naqueles dias, já se tornara o motor do desenvolvimento geral da economia europeia.

No final do século XV, graças ao Renascimento, as populações urbanas da Europa tinham enfim redescoberto os requintes da moda. O despojamento medieval ficara distante. Em todas as camadas sociais, os trajes passaram a distinguir cada vez mais o sexo e a personalidade dos usuários. Os homens abandonaram os vestidos de sarja em favor das meias colantes, da túnica e do colarinho pregueado. Entre ambos os sexos difundiu-se a paixão pelos tecidos bonitos e os panos pesados deram lugar às sedas e ao veludo. E, o mais importante: a púrpura deixou de ser uma cor exclusiva de reis e autoridades eclesiásticas para entrar definitivamente na moda.

Desde o século XI, a Europa estava familiarizada com o pau-brasil, embora de uma espécie diferente daquela encontrada no Brasil. Nativa de Sumatra, a árvore – chamada, em malaio, de "sapang" (do sânscrito "*patanga*" ou "vermelho") – era exportada para a Índia desde tempos imemoriais. Dali, os mercadores árabes a levavam para o Egito, pela via do mar Vermelho. Usado desde a aurora da era cristã para tingir as sedas e os linhos trajados pelos nobres do Oriente, o pó de sapang concedia a esses tecidos "um suntuoso tom carmesim ou purpúreo". Após a penetração dos cruzados na Palestina, a Europa ficou conhecendo várias substâncias tintoriais do Oriente – e nenhuma lhe agradou mais do que o "brasil".

As primeiras referências à chegada desse produto na Europa datam de 1085, quando o desembarque de uma "*kerka de bersil*" (ou "uma carga de bersil") foi registrado nas alfândegas de Saint-Omer, na França. Pouco mais tarde, o termo francês evoluiu para "brezil". Junto com a França, a Itália logo se tornaria uma grande consumidora de pau-brasil, e registros desse comércio puderam ser encontrados nos arquivos das alfândegas de Ferrara (em 1193), Módena (1221) e Genôva (1243). Na Itália, a árvore passou a se chamar "bracire", ou "brazili", e, mais tarde, "verzino" – que foi o termo empregado por Vespúcio na *Lettera a Soderini*. Com o nome de brasil, o "pau-de-tinta" já estava na Espanha e em Portugal por volta de 1220.[2]

Cristóvão Colombo foi o primeiro a vislumbrar árvores de pau-brasil em meio às florestas do Caribe, e registrou sua existência na carta que enviou aos Reis Católicos em 1495. Em 1498, em sua terceira viagem à América, Colombo chegou a recolher 20 quintais (pouco mais de uma tonelada) da madeira nas matas do golfo de Pária, na Venezuela, e os levou para Sevilha. Em janeiro de 1500, Pinzón carregou seus navios com 350 quintais (ou 21 toneladas) de pau-brasil, recolhidos nas praias do nordeste do Brasil, ou talvez na região de Pária. Poucos meses mais tarde, com as cartas que anunciavam a descoberta da ilha de Vera Cruz, Gaspar de Lemos levava para Portugal as primeiras toras da árvore que, em breve, acabaria misturando seu nome ao vasto território onde Cabral havia aportado em meio à sua jornada para a Índia.

Os especialistas europeus em corantes naturais logo perceberam que o pau-brasil nativo da América do Sul (cujo nome científico viria a ser *Caesalpinia echinata*) não era tão eficiente quanto o similar oriental (a *Caesalpinia sappan*). De todo modo, com as rotas comerciais com o Oriente bloqueadas desde 1453 (devido à tomada de Constantinopla pelos turcos), a variedade oriental do pau-brasil se tornara produto caríssimo. A descoberta de uma espécie equivalente no Ocidente foi saudada com entusiasmo.

As toras de pau-brasil, levadas para Lisboa, eram reembarcadas para Amsterdã para serem reduzidas a pó. O pó – usado para tingir os tecidos – era revendido na França e na Itália. A exaustiva tarefa de cortar e raspar a duríssima madeira até transformá-la em pó grosso era dada a prisioneiros, e essa indústria tornou-se virtualmente um monopólio do governo holandês. Dois prisioneiros, trabalhando ao longo de um dia inteiro, produziam 27 kg de pó por jornada.

Apesar de sua utilidade e demanda, o pau-brasil trazido da América do Sul valia bem menos do que, por exemplo, a pimenta importada da Índia. Um quintal (60 kg) de pau-brasil era vendido em Lisboa, no início do século XVI, por cerca de 2,5 ducados. Um quintal de pimenta podia ser comercializado em Portugal, nessa mesma época, por mais de 30 ducados. Além disso, embora a Índia ficasse muito mais longe da Europa que o Brasil e a navegação até lá fosse muito mais perigosa, era bem mais fácil obter e transportar pimenta do que carregar e transportar para Lisboa o duríssimo pau-brasil – mesmo que, para isso, os europeus sempre tenham contado com a ajuda dos nativos.

De todo modo, Fernando de Noronha logo percebeu as possibilidades que o negócio lhe abria, especialmente porque o rei se comprometeu a proibir a importação do pau-brasil do Oriente, garantindo a Noronha e a seus sócios o monopólio do "trato do pau-de-tinta". As vantagens mútuas da transação ficam claras numa carta escrita em 1506 por um comerciante italiano que vivia em Lisboa, um tal Lunardo de Cha Masser. Eis a carta:

"De há três anos para cá, foi descoberta uma terra nova da qual se traz todos os anos 20 mil quintais (ou 1.200 toneladas) de brasil, o qual é tirado de uma árvore grossa que é muito pesada; mas que não tinge com a perfeição em que o faz o nosso do Levante (do Oriente). Não obstante, despacha-se muito do referido brasil para Flandres, e para Castela e Itália e muitos outros lugares; o qual vale 2,5 ducados o quintal. O referido brasil foi concedido a Fernão de Loronha, cristão-novo, durante dez anos por este Sereníssimo rei, por quatro mil ducados ao ano; o qual Fernão de Loronha manda em viagem todos os anos à dita Terra Nova os seus navios e homens, a expensas suas, com a condição que este Sereníssimo rei proíba que daqui em diante se extraia da Índia. O qual brasil em Lisboa lhe fica com todas as despesas por meio ducado o quintal; na qual terra há bosques inteiros deste brasil."[3]

Da relação de Cha Masser conclui-se que o grupo liderado por Fernando de Noronha gastava 10 mil ducados por ano para trazer 20 mil quintais de pau-brasil para Lisboa. Uma vez em Portugal, o produto lhes rendia 25 mil ducados, dos quais 4 mil deviam ser pagos ao rei. O lucro líquido anual era, portanto, de 11 mil ducados.

O DONO DO BRASIL

Tanto Pietro Rondinelli quanto Lunardo de Cha Masser se referem a Fernando de Noronha e a seus sócios como sendo cristãos-novos – ou seja, como bem se sabe, judeus recém-convertidos ao cristianismo. Pesquisas genealógicas realizadas sobre o homem que arrendou o Brasil, no entanto, nunca chegaram a ser conclusivas.

A primeira referência a Fernão de Loronha nos arquivos portugueses surge em uma "carta de quitação de débitos", assinada por D. Manuel em 26 de março de 1498, na qual o monarca se refere a ele como "tratador das nossas moradias" (o comerciante responsável pelo abastecimento das despensas reais) durante os anos de 1494-96. No mesmo ano da carta que declarou Loronha livre de dívidas com a Coroa, ele foi feito cidadão de Lisboa, com direito a "todas as graças, privilégios, honras, liberdades e franquezas que têm e gozam todos os cidadãos da referida cidade".[4]

Antes de 1500, Loronha estivera diretamente envolvido com o comércio de pimenta-malagueta, sendo, junto com o banqueiro florentino Bartolomeu Marchioni (com o qual mais tarde se associaria), um dos principais negociantes desse produto em Portugal. Depois da descoberta do caminho marítimo para as Índias, em 1498, Fernão de Loronha se tornou também armador, enviando, por conta própria, algumas naus à Índia. Um dos navios que fez parte da frota de João da Nova, que partiu para a Índia em 1501 e fez escala no Brasil, foi armado por ele.

Em 16 de janeiro de 1504, Fernando de Noronha se tornou donatário de uma bela ilha localizada no meio do oceano Atlântico. Tal ilha provavelmente fora descoberta em 1502 e batizada de Ilha da Quaresma. Redescoberta no ano seguinte, por Gonçalo Coelho e Américo Vespúcio, foi chamada de ilha de São Lourenço (por ter sido avistada a 10 de agosto, dia consagrado a esse santo). Ao ser doada pelo rei a Fernando de Noronha, a ilha se tornaria a primeira capitania hereditária do Brasil – e logo passaria a ser conhecida pelo nome do donatário. Até meados do século XVII, esse território insular seguiu sob posse dos descendentes de Fernando de Noronha.

Pouco depois de ter recebido a ilha, Noronha, de acordo com alguns historiadores, pensou em transferir a sede de sua rede internacional de negócios de Lisboa para Londres. Tanto é que, em 26 de agosto de 1506, o rei D. Manuel assinou um alvará no qual lhe recusou licença para usar o brasão que lhe fora recentemente concedido pelo monarca inglês Henrique VII. Para essa suposta decisão de Noronha pode ter contribuído o recrudescimento dos sentimentos antissemitas em Portugal, já que, em abril de 1506, muitos cristãos-novos foram trucidados em Lisboa, "pela plebe excitada pelos frades dominicanos".[5]

De todo modo, em 1524, Fernando de Noronha ainda morava em Lisboa, na rua Nova dos Mercadores, a mais refinada da cidade. E em 28 de junho daquele ano, o rei D. João III, sucessor de D. Manuel, o fez fidalgo de armas e lhe mandou dar um brasão especial, mais requintado do que o brasão inglês que Noronha fora impedido de usar quase duas décadas antes. Por essa época, é provável que Fernando de Noronha também já estivesse associado à família alemã Függer, uma das mais ricas da Europa, e de cujos interesses ele seria representante em Portugal.

Embora certos historiadores afirmem que Fernando de Noronha teria vindo ao Brasil como comandante da primeira expedição enviada sob as estipulações do contrato firmado em 1502, essa possibilidade é de todo improvável. Homem tão influente e rico não iria se expor aos perigos do mar e às agruras de uma viagem oceânica. De qualquer forma, mesmo após o encerramento do contrato original (que durou de agosto ou setembro de 1502 a setembro de 1505 e, ao que tudo indica, de imediato foi renovado por mais três anos), Noronha seguiu ligado ao "trato do pau-de-tinta". Seus navios continuaram a ser enviados ao Brasil pelo menos até 1511. Em 1513, sabe-se que o monopólio do pau-brasil estava nas mãos de um tal Jorge Lopes Bixorda, "armador e capitão de navios".[6]

O PAU-DE-TINTA

No Brasil, o pau-brasil crescia quase que exclusivamente entre o Rio Grande do Norte e o Rio de Janeiro, na planície costeira, em meio à exuberância da Mata Atlântica. Havia três pontos específicos da costa onde as árvores se concentravam em maior quantidade: entre o Rio de Janeiro e Cabo Frio; ao sul da Bahia, nos arredores de Porto Seguro; e em Pernambuco, nas proximidades da ilha de Itamaracá (de onde provinha a madeira de melhor qualidade, o chamado "brasil fino"). Justamente por isso, aí seriam fundadas as primeiras feitorias.

A árvore de pau-brasil era frondosa, com folhas de um verde-acinzentado quase metálico e belas flores amarelas. Havia exemplares extraordinários, tão grossos que três homens não podiam abraçá-los. O tronco vermelho ferruginoso chegava a ter, algumas vezes, 30 metros, embora a altura média fosse de 20 metros. Os índios a chamavam de ibirapitanga – ou "pau vermelho". Eles o conheciam havia séculos e usavam sua madeira dura para fazer arcos e sua tinta para tingir de vermelho penas brancas. Era uma árvore sagrada.

A experiência ensinou aos portugueses (e aos franceses, que os seguiriam de imediato) que, para fins de tinturaria, o pau-brasil deveria ser derrubado, durante o inverno, nos dias de lua nova; enquanto, no verão, o corte mais propício era durante a lua crescente. Essa, no entanto, parece ter sido a única regra seguida para o abate da árvore. A exploração do "pau-de-tinta" foi feita num ritmo tão feroz que, ao longo de todo o século XVI, portugueses e franceses levaram, em média, oito mil toneladas da madeira por ano para a Europa.

Só no primeiro século de exploração, cerca de dois milhões de árvores foram derrubadas – uma espantosa média de 20 mil por ano, ou quase 50 por dia. Cada navio levava cerca de cinco mil toras por viagem. Em 1550, segundo o pastor francês Jean de Lery, em um único depósito, pertencente aos contrabandistas franceses no Rio de Janeiro, havia 100 mil toras de pau-brasil estocadas. Não é de se estranhar, portanto, que, já em 1558, as melhores árvores só pudessem ser encontradas a mais de 20 km da costa.[7]

Em 1605, a Coroa, alarmada com os relatórios que informavam que se o corte indiscriminado prosseguisse "as madeiras virão a acabar e se perder de todo",[8] passou a controlar a extração e até

> *Embora tenha se tornado a principal e quase única fonte de renda que Portugal encontrou no Brasil, o pau-brasil não foi estudado nem classificado pelos portugueses. O primeiro estudo científico sobre a árvore foi realizado em 1648 pelos botânicos Willem Piso e George Marcgrav na monumental* Historia Naturalis Brasilae, *feita sob os auspícios do conde Maurício de Nassau, obra na qual foi publicada a primeira ilustração botânica do pau-brasil (abaixo). A planta foi classificada em 1789 pelo grande botânico Lamarck, que a chamou de* Caesalpinia echinata. *O gênero "Caesalpinia" fora criado em homenagem ao botânico e médico do papa Clemente VIII, André Cesalpino, e a denominação "echinata" provém do étimo grego "ouriço" e se refere aos espinhos abundantes do pau-brasil.*

espalhou alguns guardas-florestais nas zonas onde a extração era mais comum. Mas a árvore estava virtualmente extinta.

Embora o comércio de pau-brasil fosse estimulado por portugueses e franceses, quem derrubava, descascava, atorava e transportava os troncos do pau-de-tinta eram os indígenas que viviam ao longo da costa brasileira, especialmente os Tabajara, os Tupiniquim e os Tupinambá (além dos Potiguar, mas, nesse caso, praticamente só quando se tratava de negociar com os franceses). O desempenho e o esforço dos índios foram bem resumidos por Jean de Lery, que viveu no Rio de Janeiro entre novembro de 1556 e março de 1557, durante a desastrada experiência da França Antártica. Em seu livro *Viagem à Terra do Brasil*, publicado em 1578, o calvinista Lery escreveu:

"Quanto ao meio de carregar essa mercadoria (o pau-brasil), direi que tanto por causa da dureza, e consequente dificuldade em derrubá-la, como por não existirem [...] animais para transportá-la, é ela arrastada por meio de muitos homens; e se os estrangeiros que por aí viajam não fossem ajudados pelos selvagens, não poderiam sequer em um ano carregar um navio de tamanho médio. Os selvagens, em troca de algumas roupas, chapéus, facas, machados [...] cortam, serram, racham, atoram e desbastam o pau-brasil, transportando nos ombros

> *O impacto que as ferramentas de metal causaram na vida dos indígenas pode ser medido pelas consequências que elas tiveram no próprio comércio do pau-brasil: enquanto que com seus antigos machados de pedra os nativos levavam cerca de três horas para derrubar um pé de pau-brasil, com machado de ferro o mesmo serviço podia ser feito em pouco mais de 15 minutos, de acordo com estudos feitos por Herman von Ihering, em 1894. A gravura abaixo é do livro* Viagem à Terra do Brasil, *de Jean de Lery, publicado em 1578.*

nus às vezes de duas a três léguas (de 13 a 20 km) por sítios escabrosos, até a costa junto aos navios ancorados, onde os marinheiros o recebem."

Bastaram uns poucos anos para que os indígenas percebessem o que os europeus queriam no Brasil, fossem eles portugueses ou franceses. Para os índios, a princípio, era indiferente que lusos e franceses fossem inimigos mútuos e disputassem entre si o comércio do pau-brasil e até a própria posse do Brasil. As alianças entre estrangeiros e indígenas só começariam a se formar depois, quando os nativos tiveram a oportunidade de distinguir claramente entre os "perós" – como eles chamavam aos portugueses de pele e cabelos morenos – e os "mair", apelido dado aos louros franceses vindos, boa parte deles, da Normandia ou da Bretanha.[9]

A princípio, os nativos ficaram encantados com as bugigangas que os europeus lhes ofereceram como "resgate": espelhos, avelórios (vidrilhos), contas, pentes, cascavéis (guizos) e pedaços de pano. Assim que a novidade passou, lusos e franceses tiveram que substituir essas quinquilharias baratas por tesouras, anzóis, facas e machados. Então, de um momento para outro, as tribos tupis do litoral brasileiro saíram da Idade da Pedra para ingressar na Idade do Ferro. Foi uma revolução instantânea.

Além dos machados, os anzóis tornaram a pesca mais fácil e as facas se revelaram um grande aliado contra os perigos e desconfortos da floresta. Ansiosos por obter os cobiçados objetos de metal, os nativos muitas vezes se antecipavam à chegada dos portugueses (ou à dos franceses), abatendo várias centenas de árvores.

Divididas em toras de 1,5 m de comprimento e cerca de 30 kg cada, elas ficavam estocadas em pontos estratégicos. A cada ano, os indígenas eram obrigados a ir mais longe, mata adentro, em busca de bons exemplares de pau-brasil que, antes de 1501, cresciam praticamente no limite da praia. Além da imprevidência e da ganância dos próprios nativos, as queimadas que eles faziam para desbastar a mata ajudaram a reduzir consideravelmente o número de exemplares de pau-brasil. Atualmente, a árvore cujo nome foi usado para batizar o Brasil sobrevive praticamente apenas em reservas florestais e jardins botânicos e só lentamente começa a ser reintroduzida em seu ambiente natural.

AS FEITORIAS

Por volta de janeiro ou fevereiro de cada ano, as toras de pau-brasil, derrubadas pelos índios ao longo de vários meses, eram levadas para as feitorias construídas no litoral pelos portugueses. Tais feitorias em nada lembravam os entrepostos comerciais que os lusos tinham começado a fundar em 1448 na ilha de Arguim, no litoral da Mauritânia, na África, e que depois se estenderiam por toda a costa ocidental da África, pela costa do Malabar, na Índia, e, mais tarde, chegariam até os distantes Japão e China. No Brasil, elas eram como aquela que Américo Vespúcio fundou em Cabo Frio: um mero galpão de madeira, cercado por uma paliçada de toras pontiagudas, tendo por mobília somente arcas e caixotes e onde, ao longo do ano inteiro, ficavam apenas três ou quatro homens.

Em 1519, havia quatro feitorias no Brasil: as de Cabo Frio e do Rio de Janeiro e uma em Pernambuco e outra na Bahia. Dois desses postos avançados do império português no Brasil ficavam em ilhas: na ilha Comprida, em Cabo Frio, e na de Itamaracá, em Pernambuco. Já a feitoria do Rio de Janeiro – cuja história é nebulosa – teria sido fundada por Gonçalo Coelho em 1504 e alguns historiadores acham que ela se erguia entre as atuais praias do Flamengo e da Glória, junto à foz do riacho chamado Carioca. Mas ela provavelmente também ficava numa ilha: a ilha do Gato (hoje do Governador), no fundo da baía de Guanabara.

A vida cotidiana dos homens deixados um ano inteiro (e às vezes até por mais tempo) nessas feitorias era monótona. O regimento ao qual eles deveriam se submeter deixava claro que seus contatos com os nativos e com o território selvagem que os cercava deveriam se restringir ao estritamente necessário. Um dos únicos divertimentos do escrivão e de seus poucos auxiliares durante seu solitário engajamento nos trópicos era ensinar os papagaios a falar.

De fato, com o pau-brasil – e com alguns macacos e saguis e a pele de certos felinos –, essas aves eram o principal produto de exportação do Brasil. O impacto que esses animais falantes e de plumagem exuberante provocaram – a princípio na corte, em Lisboa, e depois em boa parte da Europa ocidental – foi tal que, de 1502 a 1505, o Brasil foi chamado de Terra dos Papagaios.

Por volta de fins de abril e princípios de maio de cada ano, as naus – que zarpavam de Lisboa em fins de fevereiro ou início de março, para melhor aproveitar as correntes e os ventos – chegavam para recolher o pau-brasil estocado nas três ou quatro feitorias espalhadas pelo imenso litoral do Brasil. Os homens engajados no tráfico de pau-brasil eram chamados de brasileiros – "do mesmo modo que se dizem baleeiros os que vão à pesca das baleias, e que se denominavam negreiros aos que se ocupavam do tráfico de africanos, e que algum dia se disseram pimenteiros os que andavam traficando pimenta", conforme escreveu Francisco Varnhagen em 1854. O nome dado a esses traficantes de pau-brasil acabaria se estendendo a todos os nascidos no futuro país. Ainda de acordo com Varnhagen, se as regras gramaticais tivessem sido corretamente aplicadas, os nativos do Brasil deveriam se chamar brasilienses.

A NAU *BRETOA*

O dia a dia dos primeiros "brasileiros" pode ser minuciosamente reconstituído graças a um documento de 14 páginas chamado *Livro da Viagem e Regimento da Nau Bretoa*. Embora seja um texto árido e estritamente burocrático, sua leitura atenta permite obter detalhes saborosos sobre como se dava o então chamado "trato do pau-brasil" pelos portugueses no início da segunda década da presença europeia no Brasil.

A *Bretoa* – assim chamada por ter sido construída nos estaleiros da Bretanha, no norte da França – pertencia a um consórcio de mercadores formado por Fernando de Noronha, pelo banqueiro florentino Bartolomeu Marchioni, pelo sobrinho dele, Benedeto Moreli, e por um certo Francisco Martins, todos com certeza sujeitos endinheirados, embora nenhum deles pudesse ser comparado a Marchioni, que era o homem mais rico de Portugal.

A tripulação da Bretoa era constituída por 36 homens. O capitão, um Cristóvão Pires, também devia ser homem de posses, pois o regimento indica que ele morava na rua Nova dos Mercadores, no coração de Lisboa e sem dúvida a mais nobre da capital. Os demais oficiais da nau eram o escrivão Duarte Fernandes, o mestre de navegação Fernão Vaz e o piloto João Lopes de Carvalho, que já estivera no Brasil em 1503-4, como piloto de uma das caravelas da expedição de Gonçalo Coelho e

Américo Vespúcio. Carvalho acabaria se tornando a figura-chave da viagem da *Bretoa*. Treze marinheiros, 14 grumetes e quatro pajens completavam a tripulação.

A nau partiu de Lisboa em 22 de fevereiro de 1511, um sábado. Em geral, os navios zarpavam de Portugal nos finais de semana para que os familiares pudessem acompanhar a partida e se despedir – muitas vezes para sempre – dos parentes que embarcavam.

Só no dia 12 de março, em alto-mar, o capitão leu as ordens que recebera em Lisboa e as comunicou aos subalternos. De acordo com elas, a *Bretoa* deveria dirigir-se "o mais direta e rapidamente possível" à costa brasileira, onde sua missão era "obter a maior carga de pau-brasil de boa qualidade, com a menor despesa possível".

No dia 6 de abril de 1511, a tripulação da *Bretoa* vislumbrou a foz do rio São Francisco, na divisa dos atuais estados de Sergipe e Alagoas. Onze dias mais tarde, a 17 de abril, o navio fundeava na baía de Todos os Santos, onde permaneceria por 27 dias. Aquela era uma escala habitual e o próprio Vespúcio, como já se viu, também havia passado "dois meses e quatro dias" ali em 1503. E um ou dois anos da chegada da *Bretoa*, nas cercanias daquela belíssima baía naufragara o homem que os nativos iriam batizar de Caramuru e que lá viveria por cerca de 50 anos.

Foi durante aquela estada da *Bretoa* na Bahia que ocorreu um incidente, considerado "gravíssimo" pelos oficiais: no dia 5 de maio, o escrivão Duarte Fernandes deu pela falta de alguns machados e machadinhas. Eles haviam sido roubados por um ou mais tripulantes, e usados no comércio ilegal de aves, penas e macacos com os Tupinambá.

Para investigar o roubo, o capitão incumbiu o próprio escrivão e um certo João de Braga, que não fazia parte da relação original de tripulantes da *Bretoa*. Braga era o encarregado da feitoria então existente na baía de Todos os Santos, fundada não se sabe quando nem por quem. Sem que o caso tivesse sido esclarecido, a *Bretoa* zarpou da Bahia em 12 de maio de 1511 levando João de Braga, possivelmente porque ele estava encarregado de descobrir quem roubara as ferramentas, e também porque seria transferido para a feitoria de Cabo Frio.

No dia 26 de maio, a *Bretoa* ancorou na ilha Comprida, onde possivelmente se erguia a mais antiga feitoria do Brasil, fundada por Vespúcio em 1504. Os tripulantes começaram a carregar o navio em 12 de junho. Ao longo de 15 dias de trabalho, eles transportaram uma média de 330 toras diárias – o equivalente a oito toneladas.

Como dos 36 tripulantes, seis eram oficiais, quatro eram seus pajens (ou criados pessoais) e 13 eram marujos (que, de acordo com uma longa tradição, se recusavam a fazer qualquer outro serviço que não pertencesse às funções ligadas à condução e manutenção do navio), o carregamento do pau-brasil foi realizado pelos 14 grumetes. Em jornadas de dez horas de trabalho, cada um carregou cerca de 24 toras por dia – média de uma tora de 30 kg a cada 25 minutos. O total atingido pela carga da *Bretoa* foi de 5.008 toras, cujo peso ultrapassava as 100 toneladas.

A leitura do regimento da nau *Bretoa* – que pretendia regular cada passo de seus tripulantes – revela que o navio era uma espécie de quartel flutuante, cuja única missão além-mar era a obtenção do maior lucro no menor tempo possível. Em tese, não havia nada de aventuresco na vida dos primeiros "brasileiros". Praticamente tudo lhes era vetado. Não podiam ultrapassar os limites da feitoria. Não podiam visitar a terra firme. Não podiam falar e muito menos negociar com os indígenas. Não podiam pernoitar fora da nau. E não podiam sequer praguejar: aqueles que "arrenegassem" de Deus, da Virgem ou dos santos seriam multados em três mil réis e passariam um tempo na cadeia na volta a Portugal. Os rigores da lei parecem indicar quão movimentado era o dia a dia dos recolhedores de pau-brasil e revela as "infrações" que mais cometiam: praguejavam, dormiam com as nativas, comercializavam com os índios, fugiam da feitoria, ou do navio, e iam para a terra.

De todo modo, os oficiais também estavam submetidos a ordens estritas. Tudo que entrasse ou saísse do navio tinha que ser minuciosamente anotado pelo escrivão – até as agulhas. Tudo era numerado: as peças de "resgate" (facas, anzóis e machados), que saíam do navio diretamente para as mãos do feitor, e as toras que nele entravam. Eis um trecho do regimento: "Todos os paus do dito brasil que se carregarem na dita nau entrarão nela e se arrumarão perante vós e perante vosso escrivão, que os assentará com boa-fé em seu livro, de tal forma que não possa haver nisso nenhum erro e a arrumação deles (os paus), a mandareis fazer de tal modo que possa trazer a dita nau a maior soma que puder, sem vir coisa alguma dela de vazio".

Qualquer demora inexplicada ou escala desnecessária custaria ao capitão o seu ordenado e alguns dias na prisão. Além de supervisionar o embarque da carga, os oficiais tinham uma outra responsabilidade: deveriam evitar a qualquer custo a deserção e a fuga dos marinheiros ou grumetes. É o que fica claro no seguinte trecho do regimento: "Vos lembrareis de terdes grande vigia na gente que vos acompanha, de maneira que não se possa na dita terra se lançar nem ficar nenhum deles, como algumas vezes já fizeram, o que é coisa muito odiosa ao comércio e ao serviço do dito Rei". Desta determinação – e do fato de dois grumetes terem desertado da armada de Cabral – é lícito supor que um significativo número de marinheiros fugia das naus e procurava abrigo com os indígenas.

A única brecha num regulamento de resto extremamente restritivo era a possibilidade, aberta a todos os tripulantes, de trazer para Portugal animais silvestres do Brasil – especialmente papagaios, macacos e felinos de pequeno porte, como jaguatiricas, todos muitíssimo apreciados como animais de estimação e, portanto, bastante valiosos tanto em Portugal quanto na França. A negociação para obter tais animais, no entanto, deveria ser feita exclusivamente por intermédio do feitor e nunca diretamente com os índios.

Os "brasileiros" da nau *Bretoa* se serviram amplamente da única chance de obter algum lucro pessoal com sua árdua jornada: mais de 60 animais foram levados para Lisboa, entre eles 15 papagaios, 12 felinos e seis macacos, além de saguis e tuins. Só um certo Jurami, criado de Bartolomeu Marchioni, adquiriu oito papagaios, sete felinos e cinco macacos. Nesse caso, porém, deve tê-los comprado não para si, mas para o patrão. Ao todo, esses animais foram avaliados em oito mil reais, valor sobre o qual o escrivão recolheu "um quinto", referente aos impostos régios.

O regulamento da *Bretoa* também proibia expressamente que se desse "carona" aos indígenas, especificando que, por mais que eles insistissem, nenhum deveria ser levado para Portugal. O motivo para tal proibição, explicado pelo próprio regulamento, é bastante curioso. Como muitos dos nativos que decidiam embarcar por livre e espontânea vontade para Portugal acabavam morrendo a bordo dos navios ou na Europa, e como os poucos que lá chegavam raramente retornavam, seus parentes julgavam que os portugueses "os haviam comido, conforme era costume entre eles próprios".

É interessante contrapor esse detalhe com outro documento da época, a *Nova Gazeta da Terra do Brasil*, na qual se afirma que, muitas vezes, era difícil conter o ímpeto dos nativos, "dispostos a embarcar de qualquer maneira, pois achavam que iam para a Terra da Promissão".

Embora o regimento também especificasse que "nenhum mal ou dano" deveria ser "cometido contra os naturais da terra", a nau *Bretoa* levou 36 escravos para Lisboa – número igual ao da tripulação original do navio. Eram 26 mulheres e dez homens. Só o capitão Cristóvão Pires adquiriu "dois moços e três moças, além de uma moça, que levou por encomenda de Francisco Gomes".[10] O despenseiro Jurami, criado do banqueiro Marchioni, comprou "um homem e quatro moças" – não para si, mas para o patrão. O fato de os tripulantes da *Bretoa* terem "resgatado" quase o triplo de "moças" do que de homens levou pelo menos dois historiadores a concluir que tais escravas eram utilizadas "basicamente como objetos sexuais".[11]

Em princípios de agosto, a nau *Bretoa* zarpou de Cabo Frio e no dia 11 de outubro de 1511 ancorou em Lisboa. A viagem durara exatos oito meses e, apenas com o pau-brasil, o lucro de Fernando de Noronha, Bartolomeu Marchioni e seus dois sócios chegou a quatro mil ducados.

Antes da partida para Portugal, porém, o feitor João de Braga e o escrivão Duarte Fernandes concluíram que os culpados pelo roubo das machadinhas e cunhas, ocorrido três meses antes na baía de Todos os Santos, eram o piloto João Lopes de Carvalho e um certo Pedro Annes, marinheiro. Embora jurassem inocência, ambos ficaram desterrados no Brasil.

É provável que João de Braga também tenha permanecido no Cabo Frio, em substituição ao feitor anterior, que retornou com a *Bretoa* para a Europa, depois de uma permanência de quatro ou cinco anos no Brasil, já que, alguns anos depois, Annes seria encontrado por outra expedição, embora já estivesse então estabelecido no Rio de Janeiro, onde João Lopes de Carvalho e Pedro Annes também estavam vivendo.

Com efeito, poucos meses depois do desterro, Carvalho e Annes fugiram do Cabo Frio e se instalaram no Rio, não se sabe se na feitoria lá existente ou se em alguma das muitas aldeias espalhadas pelo entorno da baía de Guanabara – muito provavelmente em uma aldeia pois, como se verá, a partir dali eles viriam a desempenhar um papel importante na história das viagens marítimas e da exploração do litoral brasileiro, e nesse momento sua ligação pregressa com os nativos ficaria evidente.

O NOME DO BRASIL

Por causa do crescente número de navios que, como a nau *Bretoa*, vinham, todos os anos, recolher sua carga de "pau-de-tinta", o território que, em 1500, Pedro Álvares Cabral batizara de Ilha de Vera Cruz (e, logo a seguir, Terra de Vera Cruz e, pouco depois, Terra de Santa Cruz) iria se tornar, a partir de 1510, conhecido quase que exclusivamente por "Terra do Brasil", depois de ter sido também "Terra dos Papagaios".

Ainda assim, embora essa quarta designação tenha se consagrado, não há como comprovar que o Brasil tenha adquirido seu nome por causa do pau-brasil – ou, pelo menos, exclusivamente por isso. Afinal, apesar de os livros didáticos e o senso comum estabelecerem uma relação direta entre o nome do país e o nome da árvore, a origem da palavra "brasil" é misteriosa e repleta de ressonâncias. Há mais de 20 interpretações sobre a origem do étimo e as discussões ainda parecem estar longe do fim.

O certo é que a palavra "brasil" é muito mais antiga do que o costume de utilizar o "pau-de-tinta" para colorir tecidos. Mais certo ainda é que a lenda e a cartografia antigas assinalavam, em meio às névoas do mar Tenebroso (como era conhecido o oceano Atlântico), a existência de uma ilha mitológica chamada Hy Brazil. Uma ilha móvel, "ressonante de sinos sobre o velho mar", e que se afastada dos navegantes assim que eles se aproximavam dela.

Apesar do emaranhado na selva de palavras, o mais provável é que "brasil" provenha do francês "bersil", mais tarde "brésil", cujo significado mais provável é, de fato, "brasa". Por outro lado, também é certo que "brasil" advém do celta "bress", origem do inglês "to bless" (abençoar) – e que este termo foi usado para batizar a ilha da Bem-Aventurança, a lendária Hy Brazil, que teria sido descoberta no ano de 565 pelo monge irlandês São Brandão.

O que pode ter acontecido, no alvorecer do século XVI, é que dois "brasis", de origem e significados distintos, se fundiram para nomear um novo e auspicioso território – a Terra do Pau-Brasil que também poderia ter sido a Ilha da Bem-Aventurança.[12]

IV

La terre du Brésil

Soa como uma coincidência quase constrangedora o fato de se chamar *Bretoa* a nau portuguesa graças à qual os detalhes relativos ao comércio de pau-brasil se tornaram conhecidos. Afinal, o navio recebera esse nome por ter sido construído em um estaleiro da Bretanha, no noroeste da França. E a indústria naval da Bretanha não apenas nascera com o prestimoso auxílio de mestres e carpinteiros portugueses como seria justamente a partir dali, e da vizinha Normandia, em especial dos portos de Rouen e Dieppe, que iriam zarpar os traficantes e contrabandistas de pau-brasil que, durante mais de três décadas, assolaram o litoral brasileiro. A ação desses homens – então chamados "entrelopos" (do inglês "*interloper*") – não só causou grandes prejuízos financeiros a Portugal como levaria a França a contestar juridicamente e ameaçar na prática a soberania portuguesa sobre o Brasil.

Apesar de menos documentada do que a dos "brasileiros" vindos de Portugal, a vida dos entrelopos franceses também pode ser reconstituída com alguma precisão. Embora restem apenas relatos esparsos – e nenhum deles de próprio punho –, não há dúvidas de que o cotidiano desses contrabandistas era bem mais aventuresco do que o dos feitores lusos. Talvez a própria aura de ilegalidade que cercava a operação – e o fato de ela estar, a princípio, ligada exclusivamente à iniciativa privada – concedesse aos franceses um grau de liberdade bem maior.

O fato é que, impossibilitados de fundar feitorias – que se tornariam alvo fácil para as expedições guarda-costas dos portugueses –, os franceses se limitavam a largar, em pontos estratégicos da costa, onde havia pau-brasil de melhor qualidade, alguns "contratantes" e intérpretes. Muitos deles, em sua maioria normandos, obtinham permissão para viver nas aldeias indígenas e acabavam estabelecendo com os nativos uma ligação de mútua cumplicidade. Alguns, segundo o depoimento dos cronistas Jean de Lery e André Thevet, se identificavam tanto com as peculiaridades da vida selvagem que acabavam por "adotar todos os costumes dos índios, chegando até à abominação de comer carne humana".[1] Havia intérpretes que se dispunham mesmo a usar enfeites e adereços indígenas, furando os lábios, raspando os pelos do corpo e se transformando em autênticos "índios loiros".

Não só pela via desses "índios brancos", mas também porque, ao contrário do que ocorria com os portugueses, eles não estavam interessados em capturar escravos, os franceses foram capazes de estabelecer laços estreitos com várias nações indígenas do litoral brasileiro, nominadamente Potiguar, Tabajara e Tamoio. A lealdade de alguns grupos nativos a estes seus "parentes" europeus seria de grande valia aos franceses quando, anos mais tarde, na baía de Guanabara, eles travaram com os portugueses (e seus aliados indígenas Tupiniquim e Temiminó) a luta decisiva pela posse do Brasil.

OS NAVEGANTES DO MAR DO NORTE

A Normandia e a Bretanha possuíam uma longa tradição náutica, que fora incrementada a partir de 1438, quando alguns mestres e carpinteiros portugueses foram contratados por armadores normandos para ajudar na construção de barcas e barinéis (os navios que antecederam as caravelas e naus dos séculos XV e XVI). Tais embarcações eram utilizadas na pesca de arenque no mar do Norte.

No início do século XVI, as cidades de Dieppe e Rouen se consolidaram como os maiores polos da indústria têxtil da França. Suas tecelagens estavam entre as maiores e mais eficientes da Europa e os *bonnetries* (chapéus e gorros) de Rouen eram famosos em todo o continente. Apesar da inimizade ancestral, os ingleses preferiam a moda francesa à sua própria e até os nobres de Florença e de Gênova vestiam capotes de lã e chapéus de feltro feitos na Normandia. Estava se iniciando o período em que, por mais guerras em que se envolvesse, a França continuaria ditando os modos e a moda até mesmo para seus inimigos.

Foi assim que, na virada do século XV para o XVI, uma explosiva equação se articulou nos portos de Rouen e Dieppe. Ela misturava uma longa tradição de pirataria com a intensa demanda por corantes naturais, provocada pela indústria têxtil local. A esses dois fatores juntava-se o fato de que tanto a Inglaterra quanto a França se recusavam a aceitar a validade jurídica do Tratado de Tordesilhas – a partilha planetária feita em 1494 entre Portugal e Espanha, com benção papal.

Portanto, quando se soube, na França, que um vasto território havia sido encontrado por Portugal na margem oeste do oceano Atlântico e que essa região era uma fonte quase inesgotável de pau-brasil, a informação funcionou como o fermento para que os três ingredientes relacionados acima resultassem numa única ação lógica: os franceses decidiram enviar seus navios para o Brasil. Embora nenhuma das viagens fosse "oficial", é evidente que a Coroa francesa estimulava o assédio "ilegal" de seus súditos às regiões tropicais do que viria a ser a América do Sul.

A VIAGEM DE GONNEVILLE

Na verdade, a conexão marítima entre a França e o Brasil se iniciara quase que imediatamente após a descoberta feita por Cabral. Graças à viagem de Pedr'Álvares, tanto os tecelões quanto os armadores da Bretanha e da Normandia ficaram sabendo, já desde 1504, da existência de uma região que, além de rica em pau-brasil, era imensa, desprotegida e muito mais próxima dos portos franceses do que a Índia ou Sumatra. O responsável pela divulgação dessa notícia fora um certo Binot Paulmier de Gonneville.

Binot Paulmier, nascido em Gonneville, vilarejo a 4 km da paróquia de Honfleur, era um burguês de natureza inquieta e aventureira. Por coincidência, ele e mais dois companheiros, Jean L'Anglois e Pierre le Carpintier, estavam em Lisboa em julho de 1501, quando Cabral retornou de Calicute para Portugal, com três naus carregadas de joias e especiarias. A cidade havia preparado uma grande festa para saudar o retorno de Cabral – celebração que Binot provavelmente presenciou.[2] Possivelmente foi o impacto da cena que levou Gonneville a elaborar o ousado plano de também chegar à Índia.

Embora um alvará do rei D. Manuel proibisse, sob a dureza da lei, que mareantes lusos servissem a outras nações, Paulmier e seus companheiros contrataram, nas tavernas portuárias de Lisboa, dois ex-integrantes da frota de Vasco da Gama, Bastião de Moura e Diogo Coutinho, e os convenceram a partir numa viagem para o Oriente.

De volta a Honfleur, Binot obteve financiamento de seis ricos mercadores locais. Como Dieppe e Rouen, Honfleur era um porto de intensa movimentação, localizado às margens do rio Sena, em frente ao canal da Mancha. Foi ali que Gonneville armou um navio de 120 toneladas, *L'Espoir*, ("A Esperança") e conseguiu arregimentar 60 marujos.

Com víveres suficientes para dois anos e várias mercadorias para permuta, *L'Espoir* zarpou de Honfleur no dia 24 de junho de 1503 (apenas duas semanas depois de Gonçalo Coelho e Américo Vespúcio terem partido de Lisboa em sua segunda viagem ao Brasil, e já tarde demais para aproveitar os melhores ventos e correntes). Orientado pelos "traidores" Bastião de Moura e Diogo do Couto, o navio de Gonneville seguiu a rota tradicional descoberta pelos portugueses. Ancorou nas ilhas Canárias no dia 12 de julho e, no dia 30 do mesmo mês, chegou a Cabo Verde (de onde a frota de Coelho/Vespúcio zarpara no dia 10).

Depois de nove dias nesse porto africano, *L'Espoir* partiu em sua solitária viagem pelo Atlântico, ainda chamado de "mar-oceano". Esse era um fato muito raro: as frotas em geral eram compostas por pelo menos três embarcações e desde 1434 os portugueses não se aventuravam em jornadas atlânticas feitas em um só navio. Retido nas calmarias equatoriais, *L'Espoir* só cruzou a linha do equador no dia 12 de setembro. Desencadeou-se então uma tempestade que se prolongou por mais de dez dias. Quando o tempo enfim amainou, Bastião de Moura e Diogo Coutinho não foram capazes de dizer onde o navio se encontrava.

Por 40 dias, *L'Espoir* navegou sem rumo, como se estivesse à deriva. O escorbuto – o apavorante "mal do mar", causado pela carência de vitamina C, encontrada em frutas e legumes (ausentes na dieta de bordo) – abateu-se sobre a tripulação e, de imediato, vitimou seis tripulantes. A 9 de novembro, quando a situação já era desesperadora, os marinheiros avistaram um emaranhado de algas e plantas marinhas – sinal claro de que a terra estava próxima. De fato, no dia seguinte, eles depararam com uma ilha solitária em meio ao Atlântico. Dois anos mais tarde, essa mesma ilha seria redescoberta por um capitão português, Tristão da Cunha, e receberia seu nome. Sua localização é 37º15' de latitude Sul – na altura da atual cidade de Mar del Plata, na Argentina (veja mapa na página 120). Ali, Paulmier parece ter desistido do sonho de ir à Índia, guinando bruscamente para o noroeste. A explicação mais plausível para esse desvio de rota é o fato de que, impossibilitado de seguir para o Oriente, Gonneville teria decidido alcançar as terras que Cabral descobrira em 1500.

Mas quase dois meses ainda seriam necessários até Gonneville vislumbrar montanhas verdejantes e aportar às margens de "um rio semelhante ao Orne"³, rio esse que deságua no Canal da Mancha depois de cruzar pela cidade de Caen, na Normandia. Era o dia 5 de janeiro de 1504 e o capitão normando Binot Paulmier se tornava o primeiro europeu a tocar em solo brasileiro ao sul da ilha de Cananeia (que Vespúcio e Coelho haviam descoberto dois anos antes, em janeiro de 1502). Convencionou-se que o "rio semelhante ao Orne" é a atual baía de Babitonga, o vasto estuário localizado junto à ilha São Francisco do Sul, no litoral norte de Santa Catarina, na atual fronteira com o Paraná, embora na verdade não existam provas concretas de que o desembarque tenha se dado lá.

De todo modo, bem recebidos pelos índios, os franceses permaneceram seis meses ancorados lá. Os nativos se revelaram pacíficos. O líder local se chamava Arosca e ele ordenou que seus guerreiros suprissem os mareantes com carne de veado, frutas e pinhões. Arosca era um Carijó, tribo guarani que, anos mais tarde, os jesuítas portugueses definiriam como "o melhor gentio de costa" e que os moradores de São Vicente escravizaram em larga escala.

Em 3 de julho de 1504, com *L'Espoir* carregado de peles e penas, Binot de Paulmier resolveu retornar para a Europa. Os normandos haviam permanecido seis meses em companhia dos nativos sem que entre eles irrompesse nenhum conflito. Impressionado com a artilharia dos franceses – e convicto de que aqueles homens estranhos eram "anjos do céu" –, Arosca decidiu enviar para a França seu filho e herdeiro, o "príncipe" Essomeriq, um garoto de apenas 13 anos. Em companhia de seu tutor, que se chamava Namoa, Essomeriq partiu para Honfleur com a missão de "aprender a fazer canhões", com os quais o ardiloso Arosca sonhava esmagar seus vizinhos e inimigos tradicionais, os Tupiniquim do litoral de São Paulo, futuros aliados dos portugueses e membros do mesmo grupo étnico que também vivia no litoral sul da Bahia.

A viagem de volta foi uma jornada de danação. Enfrentando as tormentas do inverno meridional, *L'Espoir* avançou ao longo da costa brasileira. As febres tropicais e o escorbuto dizimaram a tripulação. Até Essomeriq e Namoa foram acometidos pela doença. Namoa morreu. Julgando que o jovem príncipe também não fosse sobreviver, Binot Paulmier decidiu cristianizá-lo – e o batizou com o próprio nome. Mas o jovem e saudável Essomeriq se curou.

No dia 10 de outubro de 1504, Gonneville resolveu desembarcar para reabastecer o navio e descansar das fadigas do mar. Mas escolheu o lugar errado: ancorou numa praia habitada por selvagens ferozes e antropófagos. O *L'Espoir* provavelmente estava próximo à foz do rio Paraíba do Sul, na atual divisa entre os estados do Rio de Janeiro e Espírito Santo – território dos temíveis Goitacá

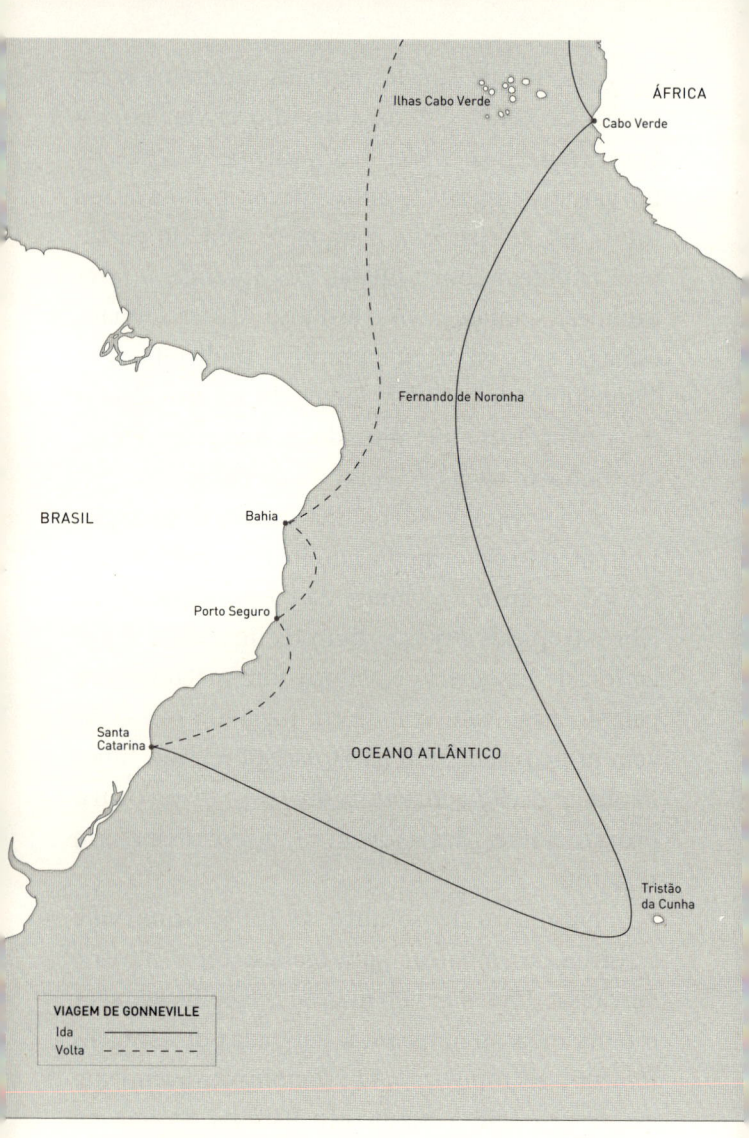

*Viagem de Paulmier de Gonneville ao Brasil,
realizada de junho de 1503 a maio de 1505.*

(ou Waitaka), "tapuias" do grupo Jê, tidos como a mais agressiva dentre todas as nações do litoral brasileiro. Intrépidos pescadores de tubarão e canibais inveterados, os Goitacá puseram em fuga os alquebrados marujos de Gonneville.

Dez dias mais tarde, *L'Espoir* chegou à baía de Todos os Santos, onde seus tripulantes foram bem recebidos pelos Tupiniquim. Lá, os franceses puderam descansar e abastecer o navio com uma preciosa carga de pau-brasil. Então, na véspera do Natal de 1504, Gonneville zarpou pela terceira vez rumo à França. No dia 10 de fevereiro de 1505, cruzou o equador, desta vez em direção ao norte. Em 9 de março, aportou nos Açores.

Dois meses mais tarde, em 7 de maio, Gonneville estava a apenas 150 km de casa. Mas, quando *L'Espoir* cruzava ao largo de Jersey, uma das ilhas do canal da Mancha, o navio foi atacado primeiro por um pirata inglês, do qual se livrou apenas para deparar com um pirata bretão. Sem alternativa, Paulmier preferiu jogar *L'Espoir* contra os recifes e seus marinheiros nadaram para a terra, lutando para encontrar refúgio antes que fossem mortos pelos piratas.

Em 20 de maio de 1505, 28 homens famintos e esfarrapados entravam a pé em Honfleur. Eram os únicos sobreviventes da expedição de Binot Paulmier, entre os quais se incluíam ele próprio e seu afilhado, o jovem "príncipe" carijó Essomeriq.

Toda a carga do *L'Espoir* afundara ou fora saqueada e a Binot Paulmier restou apenas o frágil expediente de denunciar a violência dos piratas às autoridades locais.[4]

Vendo-se, assim, impossibilitado de cumprir a promessa de levar Essomeriq de volta ao pai, Binot de Paulmier decidiu casá-lo com sua própria filha, Marie Moulin, e o fez herdeiro de todas as suas propriedades. Por mais de meio século, Essomeriq viveu em Honfleur, onde se tornou um cidadão conhecido e respeitado, com muitos filhos, netos e bisnetos. O príncipe indígena morreu em 1583, aos 94 anos. Em 1658, um de seus descendentes, Jean Paulmier, tornou-se abade e escreveu um livro, dedicado ao papa Alexandre VII, solicitando que se enviassem missionários ao sul do Brasil. Mas, então, os Carijó já estavam quase extintos, escravizados por bandeirantes e mamelucos de São Paulo.[5]

Embora a viagem de Binot Paulmier de Gonneville tenha se configurado um fracasso comercial, ela parece ter alertado definitivamente os normandos para a existência do Brasil – um território amplo demais para que os portugueses pudessem controlar e no qual a madeira corante que tanto interessava à indústria têxtil da Normandia podia ser recolhida com facilidade. Não se sabe quantos navios normandos e bretões seguiram a rota aberta por Gonneville, mas com certeza foram dezenas.

Raro é o relato feito por expedições portuguesas subsequentes no qual não se mencione a presença de pelo menos uma nau francesa avistada em algum ponto do litoral brasileiro.

AS VIAGENS DOS IRMÃOS VERRAZZANO

Por volta de 1524, os marinheiros normandos já haviam reconhecido (e ajudado a cartografar) praticamente toda a costa brasileira do Maranhão ao Rio de Janeiro, embora suas expedições continuassem sendo esparsas. A ligação marítima entre Honfleur-Dieppe-Rouen e o Brasil parece ter se tornado mais intensa e rotineira a partir das viagens dos irmãos Giovanni e Girolamo Verrazzano. Italianos originários da Toscana, os Verrazzano se estabeleceram em Dieppe e viajavam sob a bandeira francesa. Em sua primeira jornada, realizada em 1522, eles se tornaram os primeiros navegadores europeus a chegar à ilha de Manhattan, onde hoje se ergue Nova York.

Em julho de 1526, os irmãos partiram de Dieppe com duas naus e dois galeões – desta vez dispostos a chegar às Molucas, na Malásia. Foi uma viagem atribulada, repleta de naufrágios e tragédias. No caminho de volta, sem ter conseguido atingir seu objetivo (embora tenham vencido o cabo da Boa Esperança e chegado até Sumatra), os Verrazzano tocaram pela primeira vez no litoral do Brasil, provavelmente em

Pernambuco. Ali, encheram de pau-brasil o porão da única nau que lhes restava. A valiosa carga pagou as despesas daquela triste jornada.

Em maio de 1528, os irmãos tornaram a partir de Dieppe. Em julho, quando sua frota estava em uma ilha do Caribe, Giovanni foi morto e devorado por antropófagos diante do irmão e da horrorizada tripulação. Ainda assim, Girolamo prosseguiu em direção a Pernambuco, onde obteve novo carregamento de pau-brasil. No ano seguinte, o mesmo Girolamo viria ainda outra vez ao Brasil, abarrotando três naus com o "pau-de-tinta" – que os normandos chamavam de "bois rouge" ("madeira vermelha" em francês) ou de "arabutan" (palavra de origem tupi).

Foram as viagens de Girolamo Verrazzano que estabeleceram a rota ideal e os métodos de coleta de pau-brasil para as expedições seguintes dos franceses, cada vez mais frequentes a partir de então. Também é provável que tenha sido esse navegante toscano quem inaugurou o costume de deixar "intérpretes" normandos para viver entre os indígenas do Brasil e recolher as cargas de "bois rouge".

Ao retornar ao local onde haviam deixado seus intermediários, os franceses disparavam dois tiros de canhão anunciando sua chegada. Então, o "intérprete" (que, como os feitores lusos, também se especializava em ensinar os papagaios a falar) vinha para a praia e os índios iniciavam o carregamento de pau-brasil. Como os portugueses, os franceses também pagavam os nativos com quinquilharias, espelhos e machados.

A presença desses traficantes no litoral brasileiro tornou-se tão comum que muitos acidentes foram batizados com nomes como porto Velho dos Franceses e porto Novo dos Franceses (ambos no Rio Grande do Norte), rio dos Franceses (na Paraíba), baía dos Franceses (em Pernambuco), boqueirão dos Franceses (em Porto Seguro), ou praia do Francês (próximo à atual Maceió, em Alagoas). Outro ponto no qual os navios normandos ancoravam com muita frequência era a praia de Búzios, no Rio Grande do Norte, cerca de 25 km ao sul de Natal.

O pau-brasil recolhido pelos "entrelopos" era vendido em Rouen por 1,2 ducado o quintal, a metade do preço praticado pelo grupo liderado por Fernando de Noronha (que era de 2,5 ducados o quintal). É natural, portanto, que as viagens dos traficantes franceses tenham causado grandes prejuízos financeiros a Portugal, diminuindo consideravelmente sua exportação de pau-brasil para a França.

O IMPÉRIO DE JEAN ANGO

Entre os homens que financiaram as lucrativas expedições dos irmãos Verrazzano – e inúmeras

A ilustração abaixo representa um marinheiro normando perambulando pelo porto de Honfleur, logo após chegar do Brasil, em companhia de seu papagaio. A cena era bastante comum na Normandia, durante a terceira década do século XVI, quando muitos animais e indígenas brasileiros podiam ser encontrados nos portos do norte da França e até em Paris.

A foto abaixo, extraída do livro O Índio Brasileiro e a Revolução Francesa, *de Afonso Arinos de Mello Franco, mostra o castelo de Jean Ango em Varengeville, no norte da França. O castelo ainda existe e está aberto à visitação pública.*

outras que vieram depois – estava um personagem que iria criar vínculos cada vez mais estreitos com o Brasil. Era o mercador e banqueiro Jean Ango, futuro visconde de Dieppe. Protegido do cardeal d'Ambroise – figura de grande importância na corte –, Ango (pronuncia-se Angô) financiara as primeiras expedições francesas à América do Norte. Patrocinou também as viagens de Jacques Cartier, fundador de Quebec e da Nova França, no Canadá – território que, por duas décadas, foi quase propriedade privada do chamado "sindicato Ango".

Os negócios de Jean Ango se estendiam das ilhas Britânicas à Turquia. A família tinha entrepostos na Itália, no Chipre e na Grécia e nos Países Baixos. Sua frota possuía mais de 50 navios, navegando sob bandeira própria. Nessa bandeira, Ango mandara colocar a lua crescente, símbolo dos países árabes, com os quais mantinha lucrativas ligações comerciais. A partir de 1510, os navios de Ango se dedicaram também à pirataria (ou "corso") contra os navios portugueses, obtendo, entre 1515 e 1540, lucros superiores a um milhão de cruzados.[6]

> *O tráfico entre a Normandia e o Brasil se tornou tão rentável que por volta de 1550 chegou a ser construída em Rouen uma esplêndida estalagem, chamada L'Isle du Brésil (A Ilha do Brasil). O prédio foi derrubado em 1867, mas dois dos belíssimos entalhes que o decoravam foram preservados e estão no Museu Marítimo de Rouen (abaixo). Com cerca de 2 m de comprimento por 50 cm de largura e 6 cm de espessura, esses painéis – que originalmente eram coloridos – mostram os índios brasileiros cortando o pau-brasil e levando suas toras nos ombros até as naus francesas.*

Jean Ango se tornou também o principal incentivador da ocupação francesa do Brasil. A maioria dos navios que vinham recolher pau-brasil em Pernambuco, no Rio Grande do Norte e na Paraíba pertencia a ele. Entre 1525 e 1530, Ango ganhou tanto dinheiro com o tráfico de "bois rouge" que mandou construir em Dieppe uma belíssima mansão, toda feita em jacarandá e pau-brasil. Esta casa, palco de festas memoráveis frequentadas por príncipes e reis, por bispos e ministros (entre os quais o rei da França, Francisco I, e os príncipes da família Médici), vivia repleta de indígenas e de animais vindos do Brasil. Eles circulavam livremente pelo pátio interno, entre chafarizes e jardins.

Mas Jean Ango não morava nessa mansão. Ele vivia em um esplêndido castelo, em Varengeville, pequeno povoado entre Rouen e Dieppe (foto na página 126). Uma ala do castelo de Varengeville fora decorada com motivos ornamentais inspirados pelo rendoso tráfico do pau-brasil. O palácio de Ango, bombardeado pelos ingleses em 1694, foi restaurado no século XIX e ainda pode ser visitado.

O TESTAMENTO DE ADÃO

O crescente assédio francês sobre o Brasil – de início, fruto da iniciativa privada – começara a se tornar, pelo menos a partir de 1524, uma política oficial, estimulada pelo próprio rei da França, Francisco I d'Angoulême, que assumira o trono em 1515. Como seu antecessor, Luís XII, Francisco I não aceitava as estipulações do Tratado de Tordesilhas, o acordo que em 1494 não só dividira o mundo entre Portugal e Castela como também tornara o Atlântico um oceano fechado (*"mare clausum"*) a outros países. A França decidiu desafiar os "direitos adquiridos" das Coroas ibéricas no Novo Mundo e lutar pela "liberdade dos mares" (*"mare liberum"*).

Houve poucos conflitos "oficiais" entre Portugal e França durante o reinado de Luís XII (1498-1515), já que as relações entre as duas Coroas se mantiveram estáveis. Embora os portugueses assegurassem que um número "passante de 300 navios" seus – cujo valor era superior a um milhão de cruzados – tivessem sido capturados pelos corsários franceses ao longo de duas décadas, o rei D. Manuel sabia que seus súditos eram atacados por foras da lei. Sua preocupação tornou-se muito maior quando ele percebeu que Francisco I parecia decidido a incentivar essas ações.

Ao assumir o trono, Francisco I tentara uma aliança com Portugal, oferecendo a D. Manuel a mão de sua filha, a princesa Carlota. Mas a infanta morreu prematuramente e, a princípio, a aparente neutralidade de Portugal pareceu ser o bastante para o monarca francês. Mas, disposto a atacar as possessões de Carlos V em todos os quadrantes do globo, Francisco I logo decidiu afrontar também as determinações do Tratado de Tordesilhas. Ao justificar sua atitude, em uma carta a um diplomata espanhol, o rei francês faria o mais ousado e mordaz dos comentários sobre o tratado. "O sol brilha para mim como para todos", disse ele. "Gostaria de ver a cláusula do testamento de Adão que me excluiu da partilha do mundo."[7]

Em 1524, após o sucesso da segunda viagem dos irmãos Verrazzano ao Brasil, precisando de cada vez mais dinheiro e em íntima associação com Jean Ango (cujos navios e tripulantes lhe eram de grande valia na guerra contra Carlos V), Francisco I concluiu que entre a dúbia neutralidade de Portugal e as riquezas que poderia obter no Brasil, a segunda opção lhe era bem mais vantajosa. E assim, virtualmente, oficializou o assédio à "terre du brésil", rompendo todos os acordos de paz e tratados diplomáticos que havia firmado com Portugal. A crescente audácia dos franceses logo obrigaria a Coroa lusitana a agir.

O GUARDA-COSTAS CRISTÓVÃO JAQUES

Em fevereiro de 1526, o embaixador português na França, João da Silveira, escreveu uma carta alarmante para o rei D. João III (filho e sucessor de D. Manuel que subira ao trono após a morte do pai em 1521). Silveira alertou o monarca para o fato de que dez navios de corsários franceses estavam se

> *Francisco I, que passou à História como o primeiro dos reis absolutistas, subiu ao trono em 1515. No ano seguinte, com a morte de Fernando de Aragão, o trono da Espanha foi ocupado por um de seus netos, o arquiduque da Áustria, Carlos I. Em 1519, Carlos I, aclamado imperador, passou a se chamar Carlos V e se tornou senhor de amplos territórios, que incluíam a Espanha e suas colônias na América, Flandres, a Áustria, a Alemanha e parte da Itália. Com as fronteiras ameaçadas pelo crescente poderio da Casa da Áustria, Francisco I decidiu agir. Em 1521, atacou Milão e deflagrou a guerra contra Carlos V.*

preparando para zarpar de Honfleur. Vários deles se dirigiriam ao Brasil. D. João III resolveu agir com rapidez e rigor. Em fins de 1526 (ou início de 1527), ele enviou a terceira expedição guarda-costas ao Brasil. Mais uma vez, ela seria chefiada pelo fidalgo Cristóvão Jaques – que já estivera no Brasil em 1516 e em 1521, como se verá nos capítulos 5 e 6.

Por muitos anos, julgou-se que Jaques fosse de origem francesa (por causa da grafia do nome) – o que tornaria sua vigorosa ação contra os entrelopos normandos ainda mais peculiar. Mas pesquisas genealógicas realizadas em 1924 por Esteves Pereira provaram que ele era de origem espanhola: os Jaques eram originários do reino de Aragão, e seu nome provinha das vizinhas montanhas de Jaca.

Concessionário do comércio de pau-brasil de 1516 a 1522, Cristóvão Jaques foi denominado "governador das partes do Brasil" em fins de 1526. No início do ano seguinte, partiu de Portugal para combater os franceses com quatro caravelas e uma nau. Uma de suas caravelas seguiu para a Guiné e os demais navios chegaram a Pernambuco em maio de 1527. Ao aportar na feitoria que ele próprio havia fundado em 1516, na ilha de Itamacará, Jaques soube que quatro navios franceses estavam carregando pau-brasil na baía de Todos os Santos. Quem lhe deu a informação foi um ilustre e infeliz náufrago espanhol, D. Rodrigo de Acuña. Jaques dirigiu-se de imediato para a Bahia disposto a atacar os invasores. Ao chegar lá, descobriu que um dos navios inimigos era justamente a caravela que ele tinha enviado para a Guiné. O barco fora capturado pelos franceses, que haviam "deitado ao mar" toda a tripulação.

O combate entre Jaques e os traficantes franceses foi travado em fins de junho de 1527 e se prolongou por um dia inteiro. Foi uma luta violentíssima. Houve dezenas de vítimas, mais de 100, provavelmente. Um ano depois, alguns sobreviventes franceses conseguiram retornar para a França, onde fizeram um dramático relato do episódio para o rei Francisco I. Em seu depoimento, eles disseram:

"Depois de afundados os nossos navios, alguns de nossos súditos se saíram à terra e se meteram nas mãos dos selvagens. Antes, outros dos nossos súditos se meteram nas mãos e mercê dos ditos portugueses, esperando ser deles melhor tratados, porém eles, os ditos portugueses, enforcaram alguns dos nossos súditos e outros meteram e enterraram até os ombros e o rosto e depois os martirizaram cruelmente a setadas e tiros de espingarda."[8]

Informado das brutalidades cometidas por Jaques, o rei Francisco I se indignou. Em setembro de 1528, enviou uma carta veemente ao rei de Portugal, D. João III. Um embaixador francês, Glyas Hellie, partiu de Paris para entregar a carta e apresentar protestos formais. Durante nove semanas, D. João III negociou com os franceses mas não fez concessões. Em fins de outubro de 1528, porém, D. João III decidiu destituir Cristóvão Jaques do cargo de governador do Brasil e determinar seu imediato regresso a Portugal. Os requintes de crueldade com os quais Jaques tratara os franceses na Bahia acabariam fazendo com que ele caísse em desgraça na corte.

Em outubro de 1529, quando 25 dos franceses capturados por Jaques continuavam presos em Lisboa – condenados à morte –, Francisco I enviou um novo embaixador a Portugal, Pierre de Lagarde. O objetivo dessa missão diplomática era não só obter a libertação dos cativos como também pedir um empréstimo de 400 mil cruzados a D. João III. Francisco I queria o dinheiro para uma causa dramática: em fins de 1525, derrotado na Itália, ele fora forçado a deixar seus filhos como reféns das tropas de Carlos V. O imperador exigia 400 mil cruzados de resgate.

Quando o embaixador Lagarde chegou a Portugal, encontrou um reino em dificuldades financeiras: em abril de 1529, D. João III comprara da Espanha as ilhas Molucas (na Indonésia) por 350 mil ducados. Ainda assim, o rei vislumbrou no episódio uma chance de solucionar os conflitos com a França. Primeiro, libertou os prisioneiros. Depois, ofereceu 100 mil cruzados a Francisco I, afirmando que, na verdade, estava dando os 400 mil pedidos: os restantes 300 mil, disse D. João III, deveriam ser descontados dos prejuízos causados pela ação dos franceses no Brasil.

Francisco I aceitou a proposta. Assim, em janeiro de 1530 um acordo foi firmado entre as duas Coroas. Através dele, o próprio almirante Philippe Chabot, comandante-chefe da marinha francesa, ficou encarregado de reprimir a ação dos piratas normandos, ganhando, para isso, uma quantia extra, paga por D. João III.

Mas a questão ainda não estava encerrada. Um mês após a assinatura do tratado, os portugueses capturaram um galeão e uma barca pertencentes a Jean Ango. Embora as duas embarcações estivessem em águas territoriais portuguesas, e cheias de mercadorias saqueadas de navios lusos, Ango se indignou e exigiu indenização. Chegou a afirmar que iria declarar ele próprio guerra a Portugal e anunciou que seus navios bloqueariam o porto de Lisboa. Embora tais afirmações pudessem soar como bravata, o fato é que Jean Ango obteve de Francisco I uma "carta de corso": ou seja, uma autorização legal para atacar navios portugueses e saqueá-los até obter butim equivalente a 200 mil cruzados. Desta forma, Francisco I simplesmente ignorou o acordo que firmara com Portugal. O caso só foi resolvido em 15 de agosto de 1531, quando D. João III comprou a "carta de corso" do próprio Ango, enviando emissários à França e pagando 60 mil francos (equivalentes a 100 mil cruzados) pela "carta". Só então os homens e os navios de Ango pararam de atacar os lusos e suspenderam o assédio ao Brasil.

Abandonado pelos amigos mais influentes e assediado pelos credores, Jean Ango morreu quase na miséria em 1551. Foi enterrado na igreja de Saint-Jacques, sob lápide decorada com figuras dos índios brasileiros.

A PEREGRINA

Apesar de João III ter comprado a "carta de corso" (também chamada "carta de marca") de Jean

> *Por não concordarem com os direitos que Portugal obtivera através do Tratado de Tordesilhas, os franceses instauraram um processo judicial contra a corte de Lisboa após a apreensão da nau Peregrina. Graças aos registros desse tribunal é que os detalhes do episódio se tornaram conhecidos. O fato de A Peregrina transportar em seus porões a espantosa quantidade de três mil peles de onça levou o historiador americano Dean Warren a dedicar ao tema duas páginas de seu livro A Ferro e Fogo (sobre a devastação da Mata Atlântica), especulando sobre o impacto causado por tal mortandade não só no meio ambiente mas nos próprios costumes indígenas. Acima, retrato do rei da França Francisco I, que rompeu todos os acordos diplomáticos que fez com Portugal.*

Ango e assinado o acordo com Francisco I, nem assim a ação de outros contrabandistas franceses cessou. Tanto é que em setembro de 1531 os portugueses capturaram, em frente à cidade de Málaga, na Espanha, próximo ao estreito de Gibraltar, no Mediterrâneo, a nau *La Pèlerine*. *A Peregrina* retornava do Brasil com o porão cheio de pau-brasil e outras mercadorias. A nau foi avistada por acaso, por um navio português que partira de Lisboa para levar o bispo D. Martinho a Roma, onde ele iria tratar do estabelecimento do Tribunal da Inquisição em Portugal.

A *Peregrina* havia zarpado de Marselha para o Brasil em dezembro de 1530, com 120 homens, 18 canhões, munição e material de construção a bordo. Um dos armadores da nau era o barão de Saint Blancard, comandante da esquadra francesa do Mediterrâneo. A missão, "militar, comercial, agrícola e feitorial",[9] partiu com a aprovação de Francisco I, apesar de ele ter assinado o tratado com D. João.

Em março de 1531, *A Peregrina* chegou à feitoria que Cristóvão Jaques havia fundado em 1516 na ilha de Itamaracá, no litoral de Pernambuco. O feitor Diogo Dias, cinco portugueses e dezenas de índios aliados resistiram dois dias ao ataque dos franceses. Devido à desproporção de forças, foram forçados a se render e celebraram a paz com os inimigos. Mediante o pagamento de 400 ducados, chegaram a ajudá-los a construir uma fortaleza, feita para substituir a feitoria destruída pela artilharia francesa. Durante três meses, os "entrelopos" permaneceram instalados em seu novo fortim.

Em junho de 1531, deixando 70 homens no forte, os franceses partiram de Itamaracá. Dois meses mais tarde, foram capturados em Málaga. Nos porões da *Peregrina* os lusos apreenderam 5 mil quintais (ou cerca de 15 mil toras, equivalentes a 300 toneladas) de pau-brasil, 3 mil peles de onça, 600 papagaios e 300 quintais (1,8 tonelada) de algodão, além de óleos medicinais, pimenta, sementes de algodão e amostras minerais. Ao todo, para fins de indenização, o valor da carga foi calculado pelos franceses em 62 mil ducados.

O preço das mercadorias foi visivelmente aumentado, já que por cada quintal de pau-brasil os contrabandistas exigiram oito ducados (o triplo do valor de mercado e cinco vezes mais do que o preço praticado por eles mesmos). O valor de cada papagaio foi calculado em seis ducados e cada pele de onça valeria três ducados. Esses números fornecem dados elucidativos para a compreensão das dimensões que o tráfico ilegal entre o Brasil e a França atingira na terceira década do século XVI – e o profundo impacto que ele teria sobre certas espécies de árvores e animais.

A compra da "carta de corso" de Jean Ango, a captura da Peregrina e a subsequente destruição do fortim de Itamaracá por Pero Lopes de Sousa, em novembro de 1532, marcaram o fim do primeiro período de assédio dos franceses ao Brasil. Três décadas e meia ainda seriam necessárias antes que a França voltasse outra vez seus olhos para o Brasil – e, então, invadisse oficialmente o país em 1555, quando o navegador Nicolas Villegaignon fundou, no Rio de Janeiro, com o apoio do rei francês Henrique II, o enclave que seria chamado de França Antártica e que os portugueses precisariam de dez anos para destruir e, enfim, acabar com a ameaça que os franceses representavam para os seus interesses no Brasil.

V
O RIO DAS GRANDES RIQUEZAS

Ao contrário da França, a Espanha evidentemente concordava com as estipulações do Tratado de Tordesilhas. Afinal, a partilha do mundo, feita em 1494, com benção papal, fora assinada de comum acordo entre Portugal e Espanha – e evitara, naquele momento, a guerra iminente entre as duas Coroas. Porém, como nenhum cosmógrafo era capaz de demarcar com precisão o local pelo qual passava a linha divisória estabelecida pelo Tratado (e como a própria realidade geográfica da América permaneceria envolta em contornos nebulosos pelo menos até a descoberta do estreito de Magalhães, em 1519), os dois reinos ainda travariam muitos conflitos diplomáticos até que a situação se apaziguasse.

Os choques entre as Coroas ibéricas eram aumentados pelo fato de que reinava na Espanha grande confusão com relação à natureza da região que se estendia desde o cabo de Santo Agostinho (em Pernambuco) até Pária (na Venezuela) – zona que fora, toda ela, descoberta e explorada a partir de 1498 pelas expedições espanholas comandadas por Cristóvão Colombo, Alonso de Hojeda, Vicente Pinzón e Diego de Lepe.

Castela estava convencida de que toda essa área, que ficava ao sul do mar do Caribe, lhe pertencia por direito. Os espanhóis acreditavam também que o território que Cabral havia descoberto ao sul do cabo de Santo Agostinho era apenas uma ilha. Sobre os limites de Tordesilhas nas porções meridionais do que viria a ser o Brasil, o desconhecimento era ainda maior – na verdade, talvez fosse total e, nesse caso, por parte das duas Coroas.

Mas Castela logo obteria novas informações sobre o território do Brasil. Afinal, no dia 5 de fevereiro de 1505, retornava para Sevilha o homem que mais conhecia a região que Cabral havia avistado em abril de 1500 e que ele próprio já havia explorado duas vezes: o florentino Américo Vespúcio.

Poucos dias antes, Vespúcio fora demitido pelo rei D. Manuel – ou talvez tenha se demitido... A carta escrita pelo mercador Piero Rondinelli (a mesma graças à qual o contrato entre D. Manuel e Fernando de Noronha ficou conhecido) afirmava, já em 1502, que Américo se julgava "mal pago" e estava insatisfeito com o tratamento que lhe fora dispensado pelo rei de Portugal. Alguns historiadores, contudo, acham que foi o retorno de Gonçalo Coelho (que teria chegado a Portugal em janeiro de 1505, seis meses após o retorno de Vespúcio) que na verdade precipitou a demissão do florentino. Cabe lembrar que os dois haviam brigado durante sua segunda viagem conjunta ao Brasil e seus desencontros – primeiro na ilha de Fernando de Noronha e depois na Bahia –, podem ter sido provocados por Vespúcio, embora em suas cartas o florentino afirme o contrário. Na verdade, até hoje não se sabe quem abandonou quem.

De todo modo, Américo Vespúcio não só deixou Portugal como, em 24 de abril de 1505, naturalizou-se castelhano. Logo a seguir, informou ao rei D. Fernando que o Brasil não era uma ilha, mas parte de um vasto continente, que se estendia desde o golfo de Pária, na Venezuela, até pelo menos Cananeia, no litoral sul do atual estado de São Paulo.

Ainda mais importante é que Vespúcio estava convencido da existência de um estreito, que se localizaria no meio ou ao fim dessa massa continental. Essa suposta passagem marítima para a Ásia conduziria a Málaca e às ilhas Molucas, território que ficava a leste da Índia e era tido como o lugar no qual "nasciam todas as especiarias". E o melhor é que Vespúcio averiguara que, a partir de Cabo Frio, a costa brasileira inclinava-se resolutamente para oeste. O suposto estreito, portanto, haveria de se localizar em território pertencente à Espanha. Com tal opinião concordavam os maiores navegadores espanhóis de seu tempo, Vicente Yañez Pinzón e Juan de la Cosa.

Em 7 de novembro de 1507, o rei D. Fernando convocou Vespúcio e Juan de la Cosa para irem a Burgos, no norte da Espanha. Lá já estavam D. Juan Rodrigues de Fonseca, bispo de Córdoba e responsável por todos "os negócios das Índias" e os pilotos Vicente Pinzón e João Dias de Solis. Solis era um navegador português que um ano antes fugira de Portugal (onde havia sido condenado pelo assassinato da mulher) e que, tal como Vespúcio, também se naturalizara castelhano.

Embora fossem o mais estrito segredo de Estado, as três principais decisões tomadas pela chamada Junta de Burgos logo ficaram conhecidas em Portugal, graças à uma eficiente rede de espionagem. A primeira delas foi a nomeação de Américo Vespúcio para o cargo de piloto-maior da Espanha. Ele assumiu o posto em 22 de março de 1508, com um salário anual de 50 mil maravedis (*veja nota sobre os valores monetários ao final do livro*). A partir de então, nenhum navegador poderia exercer sua profissão sem antes ser examinado por Vespúcio e receber dele uma carta da habilitação.

A segunda decisão foi a de enviar uma expedição conjunta, comandada por Pinzón e Solis, para averiguar em que lugar do litoral sul do Brasil passava a linha de Tordesilhas. Por fim, ficou decidido também que Juan de la Cosa deveria partir para o Caribe em busca de uma passagem para o suposto "mar do Sul" – o oceano que, em tese, banharia a costa oeste da América e conduziria às desejadas ilhas Molucas. Ambas as viagens se concretizaram, embora, como se verá, sem resultados práticos.

Com efeito, Vicente Pinzón e João Dias de Solis partiram rumo ao Brasil já no dia 23 de maio de 1508. Em fins de junho, tocaram no cabo de Santo Agostinho, em Pernambuco. É provável que tenha sido essa visita de Pinzón ao cabo que ainda hoje leve vários historiadores a julgar que ele também teria estado ali em janeiro de 1500, o que não ocorreu. De Pernambuco, supõem-se que a expedição conjunta tenha perlustrado a costa do Brasil até a altura de Cabo Frio. Sem terem encontrado uma passagem marítima para o oeste e já rompidos um com o outro em função de disputas surgidas durante a viagem, Pinzón e Solis retornaram à Espanha. Em 14 de novembro de 1509, com os navios repletos de pau-brasil, eles aportaram em Sevilha.

Considerado responsável pela briga que eclodira durante a viagem, Solis foi imediatamente enviado para a prisão. Já Pinzón, embora satisfeito com a punição do rival, decidiu que, após tantas agruras vividas no mar, era a hora de se aposentar. Cinco anos depois, em 1514, o primeiro navegador europeu a ter chegado ao Brasil morria quase esquecido em sua cidade natal, Palos, sem jamais ter voltado a navegar e antes de usufruir as honrarias e o brasão de armas que o imperador Carlos V concedera não só a ele mas a toda a família Pinzón por seu papel na descoberta e exploração da América.

Tão logo soube que a expedição Pinzón-Solis havia percorrido a costa do Brasil, D. Manuel enviou protestos formais ao rei D. Fernando, deixando mais tenso o clima entre as duas Coroas. Mas em breve as coisas ficariam ainda piores.

No dia 9 de junho de 1509, cerca de um ano depois de Solis e Pinzón terem zarpado em sua viagem conjunta, Juan de la Cosa partiu para o Caribe – e novamente em companhia de Alonzo de Hojeda, com o qual ele já havia viajado em 1499. Sempre bem relacionado na corte, Hojeda, apesar de todos desmandos que cometera, fora designado pelo bispo Fonseca como governador da região do Darien (o istmo que faz a ponte entre a América Central e a América do Sul, nos atuais Panamá e Colômbia).

No dia 22 de fevereiro de 1510, os nativos atacaram Cartagena, na Colômbia, o povoado que Hojeda e La Cosa tinham fundado. Dos 70 espanhóis que estavam no vilarejo naquele momento, 69 foram mortos – entre eles o veterano Juan de la Cosa, então com 60 anos. Quando o único sobrevivente do massacre foi resgatado, ele relatou que La Cosa morrera de forma horrível. De fato, quando o corpo do homem que havia sido companheiro de Colombo na descoberta da América, que viajara com Vespúcio e fizera o primeiro mapa a representar o Brasil foi encontrado, estava inteiramente desfigurado e inchado, recoberto de flechas envenenadas e de espantosas chagas vermelhas.

Em 22 de fevereiro de 1512, exatos dois anos após a morte de La Cosa, morria em Sevilha, serenamente e em sua própria cama, Américo Vespúcio – o homem cujo nome tinha sido usado para batizar o Novo Mundo.

Com Vespúcio e La Cosa mortos e Pinzón aposentado, o rei D. Fernando nomeou, a 22 de março de 1512, João Dias de Solis como piloto--maior da Espanha. Solis fora solto em dezembro de 1511 e ainda recebera uma indenização de 37 mil maravedis, já que sua prisão foi considerada injusta. Seu salário passou a ser de 50 mil maravedis (dos quais deveria ser descontada uma pensão de 10 mil maravedis que seria anualmente paga à viúva de Vespúcio, Maria Cerezo).

O "mar do Sul" seria finalmente avistado no dia 25 de setembro de 1513. Depois de uma jornada épica, Vasco Núñez de Balboa cruzou as montanhas e selvas do Panamá e enfim vislumbrou o oceano que banhava a costa oeste da América. De posse dessa informação – que lhe deixava com ampla vantagem sobre Portugal na corrida em busca desse território desconhecido – a Coroa castelhana decretou que qualquer navio português encontrado navegando pelo Caribe fosse capturado e seus tripulantes imediatamente presos.

Menos de um ano depois, o capitão luso Estevão Fróis e sua tripulação se tornariam as primeiras vítimas dessa decisão. Mas a descoberta que a expedição de Fróis fizera pouco antes era, de certa forma, tão importante quanto o achado de Balboa – e teria profundo efeito na história das viagens de exploração enviadas ao sul do Brasil pelas duas décadas seguintes.

O RIO DO MACHADO DE PRATA

Estevão Fróis havia partido de Portugal nos primeiros meses de 1514 com duas caravelas. O capitão do outro navio era João de Lisboa, um dos maiores navegadores portugueses de seu tempo, veterano da viagem de Vasco da Gama à Índia, em 1497, e piloto da expedição de Gonçalo Coelho e Américo Vespúcio em 1503. A viagem de Fróis e Lisboa é a única missão exploratória enviada pelos portugueses ao Brasil entre 1503 e 1514 da qual se tem notícia. Mas como ela só ficou conhecida por uma casualidade, é bem possível que tenha havido outras.

Não se sabe qual era o objetivo da jornada comandada por João de Lisboa e Estevão Fróis. O mais provável é que eles também tivessem sido incumbidos de descobrir onde terminava o continente americano e averiguar a existência do suposto estreito que conduziria ao misterioso oceano recém-descoberto pelos espanhóis.

A expedição fora financiada por D. Nuno Manuel e por Cristóvão de Haro. Cristóvão de Haro era um rico negociante belga, natural da Antuérpia, que vivia em Lisboa desde 1500 e já enviara frotas à Guiné e à Índia. Com duas caravelas e cerca de 70 tripulantes, os capitães Lisboa e Fróis partiram em fevereiro de 1514. Rumaram direto para o sul do Brasil e logo chegaram a Cananeia, descoberta havia uma década por Gonçalo Coelho e Américo Vespúcio (e que, passados mais de dez anos, ainda se mantinha como o ponto extremo sul das viagens dos portugueses ao Brasil). A seguir, cruzaram pela ilha de São Francisco do Sul, em Santa Catarina, onde Binot Paulmier de Gonneville estivera dez anos antes. Dali para o sul, todo o território era desconhecido.

A costa com a qual Fróis e Lisboa então depararam era inóspita, desprovida de portos naturais, com águas frias e escuras. Eles estavam no litoral do atual Rio Grande do Sul, justo onde se inicia o maior trecho de costa retilínea do planeta. De fato, de Laguna (em Santa Catarina) a Punta del Este (no Uruguai) não existe uma só baía ou ancoradouro natural. A costa, com 660 km de extensão, é toda baixa e batida pelos ventos. Um trecho terrível para qualquer navegador e cuja inclemência atrasaria em dois séculos o início de sua colonização.

Em julho de 1514, Fróis e Lisboa chegaram ao que parecia ser a boca do tão procurado estreito. A primeira coisa que eles avistaram foi um cabo, então batizado de Santa Maria (nome que ainda se mantém). A expedição estava a 35º de latitude Sul, em frente ao atual balneário de Punta del Este, no hoje Uruguai. E tinha simplesmente acabado de descobrir a foz do rio da Prata – que logo se tornaria um dos locais mais importantes da América e cuja conquista iria virar uma obsessão tanto para Portugal quanto para a Espanha.

Fróis e Lisboa entraram no estuário, navegando 50 léguas (cerca de 300 km) por águas barrentas e fluviais em direção ao misterioso interior do continente. Ao chegar nas proximidades do local onde atualmente se ergue Buenos Aires, a expedição foi detida pelo mau tempo. As tempestades do inverno meridional e o gélido e uivante vento sudoeste (que os gaúchos hoje chamam de Minuano) impediram as caravelas de seguir adiante. Mas o que Lisboa e Estevão Fróis descobriram já era espantoso o suficiente.

A primeira coisa que os exploradores notaram ao desembarcar foi que os índios falavam uma língua muito diferente daquela utilizada por quase todas as tribos da costa do Brasil. Além disso, ao contrário dos desnudos nativos brasileiros, esses indígenas se cobriam com peles "de leão, lince e leopardo, de cheiro extraordinariamente agradável".[1] Tais peles (que, na verdade, eram de guanaco) os nativos as jogavam sobre o corpo nu, com o pelo para dentro, amarrando-as "com cintas de um palmo de largura" (eram os chiripás, que ainda fazem parte da indumentária dos gaúchos platinos). Eram homens altos, de longos cabelos negros e "corredios". A João de Lisboa pareceram ser "gente de índole honrada, sem vício, de muito boa e livre condição, sem leis nem rei".

Aquele era o primeiro encontro entre os europeus e os Charrua, aguerridos e indômitos nativos do Pampa, que caçavam emas com boleadeiras e viviam em tendas de couro. O que realmente interessava, porém, eram as notícias que esses índios deram para os portugueses. No interior daquela região, garantiam os Charrua, existiam "grandes montanhas onde a neve nunca desaparece". Nos arredores delas vivia "um povo serrano, que possui muitíssimo ouro batido, usado à moda de armadura, na frente e ao peito".[2] A região toda era muito rica em prata, ouro, cobre e estanho. Para provar o que diziam, os Charrua mostraram aos portugueses (e depois lhes venderam) um machado de prata, "igual aos machados de pedra que eles carregavam".

Foi a primeira vez que os europeus ouviram falar do Peru e de seus habitantes, os ricos e poderosos Incas. Em breve, encontrar esse povo e conquistar seu território se tornaria uma obsessão que por 20 anos traria várias expedições ao sul da América e reclamaria muitas vidas antes de se revelar... uma espantosa realidade.

Estevão Fróis e João de Lisboa batizaram aquele grande rio com o nome de Santa Maria. Mas como, ao retornarem para Portugal, seus marinheiros trataram de espalhar as extraordinárias notícias dadas pelos Charrua, o majestoso curso d'água daquelas misteriosas latitudes meridionais passou a ser chamado com o nome que mantém até hoje: rio da Prata – a estrada fluvial que conduziria a um reino fabulosamente rico. O machado de prata, levado para Portugal, foi dado para o rei D. Manuel como a prova da existência de metais preciosos naquela região inexplorada.

Além das riquezas cuja existência foi revelada pelos Charrua, Fróis e João de Lisboa concluíram também que aquele rio deveria conduzir à costa oeste da América e que seria o caminho natural para as riquezas das Molucas.

NOTÍCIAS DA TERRA DO BRASIL

Na viagem de volta, os dois navios se separaram. Fróis ficou mais algum tempo na região do Prata, carregando sua caravela com aquelas "tão preciosas peles de animais silvestres, de magnífico forro, grossas como as da zibelina e alvas como as de marta",³ enquanto João de Lisboa seguia para a feitoria do Rio de Janeiro. Ali, Lisboa encheu o navio de pau-brasil e partiu para Portugal no início de agosto. No dia 12 de outubro de 1514, sem suprimentos, sua caravela ancorou na ilha da Madeira, já próximo à Europa.

Nessa ilha, que os portugueses tinham descoberto e colonizado quase um século antes, João de Lisboa encontrou-se com um agente comercial que vivia lá. Esse homem era o representante local dos negócios da família Függer, a mais rica da Europa. Lisboa fez um relato sucinto da expedição, que foi transcrito pelo comerciante e, a seguir, enviado para a sede do império mercantil dos Függer, na Antuérpia.

Com o nome de *Newen Zeytung aus Presilg Landt* – ou *Nova Gazeta da Terra do Brasil* –, o folheto logo seria reproduzido e enviado aos principais executivos e acionistas da empresa. Segundo o depoimento do agente dos Függer, além de ter descoberto "a porta de entrada para uma região muito rica", o navio de João de Lisboa chegara à ilha da Madeira com o convés "cheio de escravos, rapazes e moças". Esses nativos, de acordo com o relatório, "pouco custaram aos portugueses, pois na maior parte lhes foram dados por livre vontade, porque o povo de lá pensa que seus filhos vão para a Terra da Promissão".

Enquanto João de Lisboa falava mais do que devia na ilha da Madeira, relatando sua expedição

> *Em 1895 uma cópia manuscrita da* Newen Zeytung aus Presilg Landt *(cuja capa está reproduzida na ilustração abaixo) foi encontrada nos Arquivos dos Príncipes e Condes de Függer, em Augsburgo, na Alemanha. Seu descobridor, o historiador Konrad Haebler, publicou-a imediatamente. Redigido em alemão gótico do século XVI, o folheto original tinha 15 cm por 20 cm e apenas quatro páginas. Mas sua importância historiográfica foi enorme. Estudado, pouco depois, por Francisco Varnhagen e por Alexander von Humbolt, o documento provou que o rio da Prata havia sido descoberto pelos portugueses e não pela expedição espanhola comandada em 1516 por João Dias de Solis, como se julgara até então.*

a um mero agente comercial, Estevão Fróis vivia um destino dramático. Depois de deixar o rio da Prata em fins de julho de 1514, Fróis chegou ao litoral do Rio Grande do Norte com o navio avariado. Quando quis desembarcar para consertá-lo, foi atacado pelos indígenas. O mais surpreendente é que os nativos eram liderados por um certo Pedro Galego, náufrago ou degredado que tinha "os beiços furados e que andava, havia muito tempo, em companhia dos índios Potiguar". Pedro Galego ficaria conhecido como "o espanhol que se fizera botocudo".[4] Anos antes, ele já tinha sido visto pelo português Diogo Pais.

Impedido de consertar o leme, Estevão Fróis acabou sendo empurrado pelas fortes correntes da chamada costa leste-oeste (o trecho que vai do Rio Grande do Norte ao atual Amapá, e que os portugueses praticamente ainda não conheciam, justamente pelas dificuldades de se navegar por ali em embarcações movidas a vela). E assim, seu navio foi parar na ilha de Porto Rico, no Caribe, em pleno território espanhol.

Ali, em função das novas determinações do rei de Castela, Fróis e seus tripulantes foram presos e conduzidos a ferros para a ilha de Santo Domingo. Apesar de "submetido a suplícios e tormentos",[5] Fróis não revelou nada sobre a descoberta do rio da Prata. De todo modo, os espanhóis estavam dispostos a enforcá-lo, nem que fosse para se vingar da recente execução de Diego de Lepe, o primo de Pinzón que catorze anos antes estivera no Brasil e sido recentemente capturado pelos portugueses na Guiné e enforcado por determinação do rei D. Manuel.

Por dois anos, Fróis e onze marinheiros permaneceram encarcerados no Caribe, sob constante ameaça de execução. Em setembro de 1516, eles foram enviados para Sevilha e, seis meses mais tarde, acabariam sendo trocados por nove reféns espanhóis que Cristóvão Jaques havia prendido na ilha de Santa Catarina, no litoral sul do Brasil. Esses nove prisioneiros espanhóis capturados por Jaques eram integrantes de uma expedição enviada ao Prata sob o comando de João Dias de Solis.

A EXPEDIÇÃO DE SOLIS AO PRATA

Embora Estevão Fróis não tenha revelado nada a seus captores, as notícias sobre a descoberta no rio da Prata e da possível passagem marítimo-fluvial para as Molucas logo chegaram à Espanha, possivelmente através da *Nova Gazeta da Terra do Brasil*.

É provável que o panfleto redigido na ilha da Madeira tenha sido enviado para Castela por Cristóvão de Haro, que era natural da Antuérpia, mantinha estreitas ligações comerciais com a família Függer e fora um dos financiadores da viagem de Fróis e João de Lisboa. Ele estava indignado com o rei D. Manuel, pois sete caravelas suas teriam sido roubadas por um feitor português na Guiné e Haro e seus sócios exigiam indenização. Em 1516, logo depois de D. Manuel ter decidido que não lhe pagaria nada, Haro resolveu transferir seus escritórios de Lisboa para Sevilha, abandonando de vez Portugal.

Quando ficou claro que o grande rio que Fróis e João de Lisboa haviam descoberto em julho de 1514 ficava em uma região ao sul de Cananeia – e, portanto, nos domínios legais de Castela –, o rei D.

Fernando determinou que João Dias de Solis partisse para explorar aquela região, bem como descobrir se as Molucas ficavam no hemisfério espanhol.

Embora ocupasse o cargo de piloto-maior da Espanha, Solis era um homem de reputação sombria. Acusado de ter matado a própria mulher, ele fugira espetacularmente de Lisboa, em abril de 1506. João Dias de Solis reapareceu em Lepe, próximo a Sevilha, no início de 1507. Ele era um navegador experiente, que estivera várias vezes na Guiné, fora para a Índia (provavelmente na frota de Gama) e talvez tivesse mesmo vindo ao Brasil como piloto de Gonçalo Coelho e Vespúcio em 1503.

Quando se soube em Portugal que Solis tinha sido contratado por Castela, D. Manuel se indignou e escreveu para o rei D. Fernando exigindo que o piloto – "banido e homiziado de meus reinos por delitos que o obrigam à pena de morte"[6] – fosse imediatamente extraditado. Mas João Dias de Solis já se naturalizara castelhano e ocupava o cargo de piloto-maior, o mais alto entre os navegadores espanhóis. D. Fernando, portanto, ignorou o pedido da Corte portuguesa.

D. Manuel ainda mandou que seu embaixador na Espanha, João Mendes de Vasconcelos, tentasse subornar Solis e o persuadisse a voltar a Portugal. Mas não houve acordo. Esse episódio revela o valor estratégico que o saber dos pilotos tinha para os reis ibéricos, e mostra a relação entre conhecimento geográfico e os ciclos econômicos, a ponto de uma deserção quase levar as Coroas a um conflito.

No dia 8 de outubro de 1515, João Dias de Solis partiu do porto de Lepe com duas caravelas, 70 tripulantes e mantimentos para dois anos e meio de viagem. Sua missão era penetrar no estuário que Fróis e João de Lisboa tinham descoberto um ano antes, explorar suas riquezas e averiguar se, porventura, ele conduziria até Málaca (na Malásia) e às Molucas. Uma vez em Málaca (que os portugueses tinham descoberto em 1508 e conquistado em 1511), Solis deveria fazer as medições astronômicas e verificar se "o berço de todas as especiarias" porventura também não se localizava dentro do território que pertencia à Espanha.

A frota de Solis seguiu a rota tradicional: ancorou nas Canárias e dali seguiu para o cabo de Santo Agostinho, passando por Cabo Frio, pelo Rio de Janeiro e por Cananeia antes de aportar na ilha de Santa Catarina, de onde zarpou em direção ao Prata. Em janeiro de 1516, as caravelas de Solis chegaram à foz do imenso rio que ele rebatizou de "mar Dulce" (como Pinzón chamara o Amazonas, 15 anos antes). Ainda hoje, historiadores espanhóis seguem afirmando que essa foi a verdadeira descoberta do rio da Prata – refutando não apenas a viagem anterior de Estevão Frois e João de Lisboa como negando também que Solis fosse português naturalizado castelhano.

De todo modo, a expedição tratou de explorar a região. "Foram sempre costeando a terra", contou o cronista Herrera, "descobrindo montanhas e outros grandes penhascos, vendo gente nas ribeiras; e nestas margens do rio da Prata descobriam muitas casas de índios, e gente que com muita atenção estava vendo passar o navio, e com sinais ofereciam o que tinham pondo-o no chão. João Dias de Solis quis ver que gente era aquela e tomar algum homem para trazer a Castela. Saiu em terra com tantos homens quantos podiam caber em um escaler. Os índios, que tinham emboscado muitos flecheiros, quando viram os castelhanos longe do navio, os cercaram e os mataram."[7]

Não foi só: "Tomando às costas os mortos", prossegue Antônio de Herrera, "os índios se afastaram da margem, até onde os navios os podiam ver, e cortando as cabeças, braços e pés, assaram os corpos inteiros e os comeram. Este foi o fim trágico que teve João Dias de Solis".

Ainda hoje uma controvérsia paira sobre o assunto: os Charrua, senhores da região onde se deu a morte de Solis, não praticavam a antropofagia, ao contrário dos Tupi da costa do Brasil. De todo modo, os indígenas pouparam um dos homens, que desembarcara em companhia do desafortunado capitão. Era o grumete mais tarde conhecido como Francisco del Puerto, um menino de 14 ou 15 anos. Solis e seus homens provavelmente foram massacrados na ilha hoje chamada de Martin Garcia, onde o rio Uruguai deságua no Prata. Mas dificilmente terão sido comidos pelos guerreiros que os abateram.

Como quer que tenha sido, depois de presenciar o massacre de seu capitão, os homens de João Dias de Solis acharam mais prudente retornar à Espanha. Partiram imediatamente do Prata rumo ao litoral do Brasil. Mas, então, uma tempestade separou as duas caravelas.

O navio comandado por Francisco Torres, cunhado de Solis (que voltara a casar na Espanha), chegou à feitoria que os portugueses haviam fundado uma década antes no Rio de Janeiro. Mesmo sabendo que estava em território luso, Torres carregou seu navio de pau-brasil. Recolheu também o piloto João Lopes de Carvalho e o marinheiro Pedro Annes – que, quatro anos antes, haviam sido deixados ali como desterrados, em punição pelo roubo das ferramentas da nau *Bretoa*.

Nessa época, o nome "Rio de Janeiro" – dado por Vespúcio em 1502 – ainda não se tornara usual e o local era conhecido como baía dos Inocentes, pois Carvalho e Annes afirmavam que não eram culpados do furto. Os dois desterrados seguiram com Torres de volta à Europa. Chegaram em Sevilha no dia 4 de setembro de 1516.

Enquanto Francisco Torres estava no Rio de Janeiro, a outra caravela da expedição de Solis passava dificuldades no litoral sul do Brasil. Com o leme avariado, o navio tentou entrar na baía sul da ilha de Santa Catarina e afundou em frente à praia ainda hoje e por isso mesmo chamada de Naufragados. Não se sabe ao certo quantos homens se salvaram: talvez 18, talvez apenas 11. O certo é que alguns dos sobreviventes viveriam por mais de 15 anos ali, entre os Carijó. Alguns deles iriam, como se verá, desempenhar um papel preponderante na exploração do rio da Prata e na própria colonização do extremo sul do Brasil.

A PRIMEIRA EXPEDIÇÃO DE CRISTÓVÃO JAQUES

Quando se soube em Portugal que o rei D. Fernando, de Castela, tinha autorizado a partida da expedição de João Dias de Solis ao Prata, houve profunda consternação em Lisboa. O rei D. Manuel de imediato determinou o envio de uma expedição guarda-costas ao Brasil. Para chefiá-la, escolheu o fidalgo Cristóvão Jaques, tido como homem de ações ríspidas e eventualmente cruéis.

A expedição de Solis teria ainda uma outra, curiosa e importante consequência para a história do Brasil: como julgou que Solis teria sido incumbido de iniciar a colonização das terras da América do Sul que ficavam sob jurisdição da Espanha, o rei D. Manuel, de Portugal, decidiu, pela primeira vez desde a descoberta de Cabral, enviar colonos para o Brasil.

De fato, por meio de um alvará assinado em julho de 1516, o monarca determinou que se dessem "machados e enxadas e toda a mais ferramenta às pessoas que fossem povoar o Brasil".[8] Mas o projeto não deu certo. Isso porque, segundo o fidalgo João de Melo Câmara, muitos dos colonos embarcados com Cristóvão Jaques eram "homens que estimam tão pouco o serviço de Vossa Alteza e suas honras, que (depois de desembarcar) se contentam com terem quatro índias por mancebas e comerem mantimentos da terra".[9]

Embora restem pouquíssimos documentos para a reconstituição da primeira viagem de Cristóvão Jaques ao Brasil, é provável que ele tenha partido de Lisboa em 21 de agosto de 1516. A frota era composta por três naus e levava cerca de 300 tripulantes, entre eles, como se viu, os primeiros colonos que vieram para o Brasil. Mas a missão de Jaques não era apenas defensiva e colonizadora. Pouco antes de partir, ele fora nomeado "comissário do pau-brasil" – ou seja, era o responsável por toda a organização do comércio da madeira corante, empreendimento que a Coroa deixara de privatizar e assumira para si a partir de 1515.

Por isso, Cristóvão Jaques dirigiu-se diretamente para a feitoria de Cabo Frio, que Américo

Vespúcio havia fundado em 1504. Ao chegar lá, encontrou o estabelecimento abandonado: o feitor João de Braga, que havia sido deixado ali em 1511 pela nau *Bretoa*, havia seguido os desterrados João Lopes de Carvalho e Pedro Annes e se mudara para a baía dos Inocentes, no Rio de Janeiro.

Jaques então zarpou em busca da feitoria carioca, fundada por Gonçalo Coelho. Ao chegar ao Rio, em outubro de 1516, foi informado por João de Braga que a caravela do espanhol Francisco Torres tinha acabado de partir rumo a Sevilha – com o porão abarrotado de pau-brasil roubado aos portugueses e ainda levando consigo os dois desterrados, João Lopes de Carvalho e Pedro Annes. Braga disse também que a segunda caravela que fazia parte da expedição de Solis estava "atrasada" e ainda não passara pelo Rio. Disposto a interceptar os intrusos castelhanos, Jaques partiu para o sul.

Ao aportar na ilha de Santa Catarina, ele soube que o navio que procurava havia naufragado ali, um mês antes. Jaques então desembarcou e logo conseguiu capturar sete dos 11 náufragos. Esses homens tinham se refugiado entre os pacíficos Carijó, habitantes da ilha e das suas vizinhanças. Com os espanhóis presos, Jaques retornou para a feitoria do Rio. Ali, carregou uma de suas naus com pau-brasil e a enviou para Lisboa, com os sete prisioneiros a bordo, enquanto ele próprio permanecia no Brasil.

Em 22 de abril de 1517, após uma sinuosa negociação diplomática, os sete náufragos de Solis acabaram sendo trocados por Estevão Fróis e seus 11 marinheiros, que, como já se viu, estavam presos havia três anos. Embora o acordo tenha libertado Fróis de uma situação aflitiva e potencialmente letal, Cristóvão Jaques parece ter se indignado com o desfecho da negociação. Quando soube que os homens que ele capturara tinham sido libertados, ficou com a sensação de que os havia livrado "do desterro entre selvagens e lhes fornecido passagem grátis para a civilização".[10] Jaques jamais voltaria a recolher os náufragos que encontrou no Brasil e no Prata.

Enquanto as Coroas de Portugal e Castela articulavam a troca de prisioneiros, Cristóvão Jaques continuava no Brasil. Sua primeira decisão foi transferir a feitoria do Rio de Janeiro para Pernambuco. Até então, a principal vantagem da feitoria carioca residia no fato de sua localização ser desconhecida dos franceses e dos espanhóis. O abuso cometido por Francisco Torres mostrou que o segredo fora desvendado. Não havia mais sentido em manter um posto de recolhimento de pau-brasil em local que exigia dois meses a mais de viagem desde a Europa. Além da distância entre Pernambuco e Portugal ser bem mais curta, o pau-brasil obtido no Nordeste brasileiro era de melhor qualidade do que o do Rio de Janeiro, pois estava "claro que tal pau é produzido pela quentura do sol".[11]

Por isso, em 1517, Cristóvão Jaques fundou uma feitoria na ilha de Itamaracá. Documentos provam que, durante os quase três anos em que ficou no Brasil, Jaques enviou cargas anuais de pau-brasil para Portugal. No dia 9 de maio de 1519, ele próprio retornou para Lisboa.

O ESTREITO DE MAGALHÃES

Quatro meses depois do retorno de Cristóvão Jaques a Lisboa, zarpava de Sevilha aquela que estava destinada a se tornar a mais longa expedição marítima realizada até então na história da humanidade. Sua missão era descobrir o estreito que permitiria ligação entre o Atlântico e o misterioso oceano que banhava a costa oeste da América, cuja existência já era conhecida desde 1513. Embora partisse sob bandeira castelhana, a expedição fora planejada por três dissidentes portugueses. Um de seus principais pilotos também era um lusitano que alimentava profundos ressentimentos contra Portugal. Por fim, o financiador da viagem igualmente estava rompido com o rei D. Manuel e pretendia vingar-se dele auxiliando a Coroa de Castela.

Os três idealizadores da expedição eram o navegador Fernão de Magalhães, o cosmógrafo Rui Faleiro e o fidalgo Duarte Barbosa. O piloto chamava-se João Lopes de Carvalho e o homem que arcou com a maior parte das despesas atendia pelo nome de Cristóvão de Haro. Juntos, esses homens seriam responsáveis por uma das maiores descobertas da história das explorações. E causariam grandes prejuízos e transtornos a Portugal.

A partir de 1514, após inúmeros serviços prestados a Portugal, Magalhães passara a lutar por um aumento de soldo: seria uma espécie de indenização por ferimento recebido em campo de batalha, no Marrocos. Ao mesmo tempo, ele estava convencido de que a cidade de Málaca, na Malásia – de cuja conquista ele participara, em 1511 –, poderia ser mais facilmente alcançada caso os portugueses seguissem a ideia original de Colombo – ou seja, se navegassem para oeste. Nesse ponto, era apoiado por um amigo pessoal, o cosmógrafo Rui Faleiro. Enquanto aguardava uma audiência com o rei, Magalhães concluiu – junto com Faleiro – que Málaca (e as adjacentes ilhas Molucas) provavelmente se localizava em hemisfério espanhol.

No outono de 1517, depois de longa e infrutífera espera, Magalhães foi informado de que D. Manuel não só não iria enviá-lo em uma viagem para alcançar Málaca pela rota do oeste como também não lhe concederia aumento no soldo. Humilhado e ofendido, Magalhães decidiu abandonar Portugal. No dia 20 de outubro de 1517, ele e Rui Faleiro chegaram a Sevilha para apresentar seu projeto aos rivais castelhanos. Na Espanha, foram recebidos por Duarte Barbosa, um fidalgo, geógrafo e linguista português que Magalhães conhecera na Índia anos antes e que também desertara para Castela. Barbosa apresentou Magalhães ao bispo Juan da Fonseca, principal executivo dos projetos ultramarinos da Coroa espanhola.

Depois de inúmeras reuniões, avanços, recuos e adiamentos, o mercador Cristóvão de Haro decidiu financiar o projeto. Haro chegara a Sevilha um ano antes de Magalhães, depois de também haver rompido com D. Manuel. Na Espanha, ele estreitara seus vínculos com Jakob Függer II, conhecido como Jakob, o Rico – que, de fato, era o homem mais rico da Europa e vivia em Augsburgo, na Alemanha. Como representante dos Függer junto à corte espanhola, Haro multiplicara a própria fortuna.

Haro concordou em bancar três quartos das despesas totais com a armação da frota – calculadas em 8.751.125 maravedis – depois que Magalhães lhe assegurou ter visto, na corte de Lisboa, "um mapa que revelava a exata localização do estreito que conduzia às Molucas". Este mapa fora feito pelo geógrafo alemão Johannes Schöner em 1515, baseado nas descobertas da expedição de Estevão Fróis e João de Lisboa ao Prata.

Com quatro naus, uma caravela e 265 homens a bordo, Magalhães e Duarte Barbosa partiram

Fernão de Magalhães cresceu na corte do rei D. João II, como pajem da rainha, D. Leonor. O sucessor de D. João II, o rei D. Manuel, era irmão de D. Leonor e conhecia Magalhães desde criança. Em 1500, aos 20 anos de idade, Magalhães fez sua primeira viagem para a Índia, na frota de João da Nova (com direito a uma escala no Brasil). Em 1505, retornou para o Oriente em companhia de D. Francisco de Almeida. Tomou parte na descoberta de Málaca, na Malásia, sob o comando de Diogo de Serqueira, em 1508, e ajudou a conquistar aquele entreposto comercial em 1511, junto com Afonso de Albuquerque. Em 1513, participou do ataque a Azamor, no Marrocos. Lá, foi ferido em uma perna. Ficou manco para o resto da vida.

Baseado nas informações da Newen Zeytung aus Presilg Landt *e na recente descoberta do mar do Sul por Vasco de Balboa, um geógrafo alemão, Johannes Schöner (1477-1547), fez, em 1515, um globo terrestre no qual desenhou o limite sul da América e o misterioso oceano que banhava sua costa oeste. Inspirado neste globo, Fernão de Magalhães empreenderia sua gloriosa e trágica viagem.*

do porto de Sanlúcar em 20 de setembro de 1519. Na noite anterior, Rui Faleiro fora destituído do cargo de cosmógrafo, pois havia suspeitas de que enlouquecera. João Lopes de Carvalho, o desterrado da nau *Bretoa* que vivia na Espanha havia três anos (para onde, convém lembrar, fora levado por Francisco Torres, capitão de uma das caravelas da expedição de Solis), acabou se tornando piloto da nau capitânia *Trinidad*, na qual viajava Magalhães. Seis dias após a partida, a frota ancorou em Tenerife, nas Canárias, onde Magalhães foi informado de que três de seus capitães pretendiam assassiná-lo "porque ele era português".[12] Magalhães redobrou a vigilância.

A 29 de novembro, a frota avistou o cabo de Santo Agostinho. Mas como o piloto João de Carvalho soubera que Cristóvão Jaques havia fundado uma feitoria nas proximidades daquele ponto estratégico, ele sugeriu ao capitão-mor que os navios seguissem direto para a baía dos Inocentes – atual Rio de Janeiro, onde ele havia vivido por cinco anos. Magalhães concordou. E assim, no entardecer de 13 de dezembro, lá estava Carvalho de volta ao seu antigo lar, no timão da *Trinidad*.

No instante em que entraram na Guanabara, os navios foram cercados por centenas de nativos. Muitos vinham em suas canoas, outros tantos a nado. Várias mulheres subiram a bordo. "Todas elas estavam nuas, eram muito jovens e se ofereciam aos marujos em troca de facas alemãs da pior qualidade", escreveu o nobre aventureiro italiano Francisco Antonio Pigafetta, que se tornou um dos poucos sobreviventes e o principal cronista da viagem. Na véspera do Natal de 1519, Pigafetta disse ter visto uma das nativas, "das mais bonitas", subir a bordo "em busca de um companheiro. Mas ao ver um prego do tamanho de um dedo, e julgando que ninguém a observava, enfiou-o rapidamente entre os dois lábios da vagina e jogou-se de volta ao mar".[13]

No dia seguinte à chegada da frota, João Lopes de Carvalho pediu permissão para desembarcar. Aquela parada no Rio de Janeiro tinha um significado muito especial para ele. No final da tarde, Carvalhinho, como era mais conhecido, voltou ao navio para apresentar a Magalhães a nativa que tomara por esposa durante seus anos de exílio no trópico. Com ela estava um garoto de sete anos. Era o filho que João Lopes deixara para trás em 1516 e agora estava de volta ao colo do pai.

Um dia depois do Natal de 1519, quando a armada de Magalhães deixou o Rio, a nau *Trinidad* tinha um novo tripulante: era o garoto Higito, mais conhecido como "Niñito de Juan, el Piloto". Um ano e meio mais tarde, logo após a morte de Magalhães, Niñito e o pai seriam protagonistas de um dos destinos mais inusitados e um dos episódios mais dramáticos da história das viagens exploratórias.

> *Francisco Antonio Pigafetta (ao lado) nasceu e morreu em Vicenza (1491-1534). Era de família nobre, originária da Toscana. Chegou à Espanha em 1519, como acompanhante do monsenhor Francisco Chiericato, embaixador da corte de Roma junto a Carlos V. Ao ser informado de que a expedição de Magalhães iria partir para as Molucas, pediu permissão ao embaixador e ao imperador Carlos V para tomar parte na viagem. Pigaffeta embarcou na nau* Trinidad *e foi um dos 18 únicos sobreviventes da terrível jornada – a primeira que conseguiu dar a volta ao mundo. Por volta de 1524, enviou seu diário para a rainha da França, Luísa de Saboia, mãe de Francisco I, que o publicou em francês em 1531.*

No dia 11 de janeiro de 1520, 15 dias após deixar a Guanabara, Magalhães chegou ao rio da Prata – que ficava a 35 graus de latitude Sul, exatamente como mostrava o globo de Johannes Schöner e como haviam relatado tanto João de Lisboa como João Dias de Solis. Após explorar aquele vasto estuário por mais de um mês, Magalhães, embora tenha obtido dos nativos "uma taça de prata", voltou para o Atlântico e seguiu para o sul, pois concluiu que o estreito que ele procurava não era ali.

No dia 27 de novembro de 1520 – após terrível viagem de quase um ano através de um sinuoso labirinto de ilhas e montanhas geladas e depois de vencer a fome e o frio e debelar dois motins –, Magalhães pôde enfim vislumbrar as águas translúcidas de um oceano imenso. Ele o chamou de Pacífico. Tendo cruzado pela passagem que ficaria conhecida como estreito de Magalhães – e realizado uma das maiores façanhas náuticas da História –, Magalhães descobriu a enorme porção aquática do planeta: o oceano que ocupa quase a metade do globo terrestre.

A jornada através das vastidões do Pacífico foi tão medonha quanto a navegação através do estreito. Por quase três meses, colhidos por uma calmaria exasperante, os navios de Magalhães avançaram lentamente, sem avistar terra. Os homens tiveram que comer a sola dos próprios sapatos e um rato era uma iguaria que valia dois ducados. Então, a 13 de março de 1521, a expedição de Magalhães enfim chegou às atuais Filipinas, muito próximo às Molucas.

No dia 27 de abril, após um ano e meio no mar, a milhares de quilômetros de casa e a apenas 200 km da fonte das especiarias, que eram as Molucas, Magalhães morreu tragicamente. Na ilha de Cebu, uma das Filipinas, ele se envolveu num conflito corriqueiro entre dois rajás. Para agradar seu anfitrião, o rajá Zula, Magalhães atacou o rajá Lapu-Lapu. Na minúscula ilha de Mactan, ele acabaria sendo morto pelo próprio Lapu-Lapu, sucumbindo quando estava prestes a alcançar a "terra prometida" de todas as especiarias.

Depois de inúmeras ameaças de motim, assassinatos, torturas e morte dentre os próprios sobreviventes da frota, João Lopes de Carvalho acabou se tornando capitão da nau *Trinidad* enquanto um seu rival e inimigo de morte, Sebastião Elcano, assumia o comando da *Victoria*, que eram os dois únicos navios restantes.

Embora a presença de mulheres a bordo fosse proibida, Carvalhinho conseguiu manter um harém particular com três nativas "extraordinariamente belas" que haviam sido capturadas, com outros 16 prisioneiros, num sultanato na ilha de Bornéu, durante as escaramuças cada vez mais frequentes daquela viagem. Ocorre que vários marinheiros também foram presos pelos nativos, e dentre eles o filho brasileiro de Carvalho, Niñito. Os eventos são confusos e nunca foram, nem serão, esclarecidos, mas o fato é que nunca mais se ouviu falar de Niñito, que teria permanecido prisioneiro de um rajá local, chamado Siripada, ao passo que Carvalhinho morreria a bordo da nau *Trinidad* em 14 de fevereiro de 1521, de "causas desconhecidas", embora se suspeite que tenha sido envenenado por algum de seus inúmeros desafetos.

Com apenas 18 homens a bordo, a nau *Victoria*, um dos navios da frota de Magalhães, chegou a Sevilha em 8 de setembro de 1522, exatos dois anos após a partida. Seu capitão, o espanhol Sebastião Elcano, se tornou o primeiro homem a dar a volta ao mundo, e o português Fernão de Magalhães, embora morto, iria virar um herói castelhano.

Apesar da perda de quatro navios e da morte de 247 homens, a expedição deu lucro para seu financiador, Cristóvão de Haro. A *Victoria* trazia 520 quintais de cravo, além de grande quantidade de canela e noz-moscada. Só essas 25 toneladas de cravo foram vendidas por 7.888.634 maravedis. Para a Coroa castelhana, porém – além da notícia de que nos confins da América do Sul havia um estreito que conduzia para o Oriente –, o melhor foi saber que Málaca e as Molucas de fato ficavam dentro da zona espanhola da demarcação.

A SEGUNDA VIAGEM DE CRISTÓVÃO JAQUES

Em novembro de 1521, enquanto os navios da frota de Magalhães estavam chegando à ilha de Tidore, a mais rica das Molucas, Cristóvão Jaques partia de Lisboa para sua segunda viagem ao Brasil. Desta vez, sua missão era explorar o grande estuário que Estevão Fróis e João de Lisboa haviam descoberto sete anos antes e no qual João Dias de Solis morrera de forma tão trágica, em janeiro de 1516. Com apenas duas caravelas e 60 homens, Jaques zarpou de Portugal direto para a ilha de Santa Catarina. Ao chegar ali, recolheu um dos náufragos de Solis que ele não tinha conseguido capturar em setembro de 1516. Esse homem era português e se chamava Melchior Ramires. Durante os últimos cinco anos, com outros seis náufragos (provavelmente também do navio de Solis), Ramires tinha vivido entre os índios carijós, no lugar que ficaria conhecido como porto dos Patos.

Melchior Ramires não apenas estivera com Solis no rio da Prata como, durante sua longa estada em Santa Catarina, tinha recebido dos Carijó a confirmação de que aquele rio de fato conduzia ao reino de um povo riquíssimo, que vivia em grandes montanhas nevadas. Tal informação era de fato impressionante: afinal, duas tribos inteiramente distintas (os Charrua e os Carijó), vivendo a mais de 1.500 km uma da outra (os Charrua na foz do rio da Prata e os Carijó em Santa Catarina), eram capazes de repetir uma história absolutamente igual. Foi a similaridade entre os dois relatos que deu a Melchior Ramires, e aos demais náufragos de Solis, a convicção de que o tal povo riquíssimo que vivia nas nevadas montanhas do oeste devia de fato existir.

Para escapar dos castigos normalmente impostos pelo duro Cristóvão Jaques aos inimigos (ou desertores) de Portugal – ou, talvez, para confirmar ele próprio a veracidade das informações que recebera dos índios –, Melchior Ramires concordou em acompanhar a expedição, como guia. E assim, no verão de 1522, depois de terem zarpado de Santa Catarina, as duas caravelas lusas entraram no Prata, navegando mais de 200 km rio acima.

Em meados de janeiro, a frota de Jaques chegou à ilha de São Gabriel, na margem esquerda do Prata, em frente à atual cidade de Colônia de Sacramento e próximo ao local onde João Dias de Solis fora morto. Ali, vivendo entre os índios, Jaques encontrou o grumete Francisco del Puerto, único sobrevivente do massacre que vitimara Solis. Francisco, então com 19 anos, confirmou as notícias que os Charrua já haviam dado para João de Lisboa e Estevão Fróis em 1514 e que os Carijó tinham reforçado para Melchior Ramires.

De acordo com as informações que Francisco del Puerto recolhera dos nativos ao longo de seis anos de convivência, existia a oeste dali uma "serra da Prata": uma enorme montanha formada quase que exclusivamente deste metal precioso. Esse território era controlado por um poderoso "rei branco", que vivia cercado de luxos inimagináveis e protegido por um exército bem armado e bem treinado.

Segundo os nativos, o melhor caminho até a "serra da Prata" e os riquíssimos domínios do "rei branco" era através do rio Paraná. O Paraná também desemboca no Prata, mas, ao contrário do vizinho rio Uruguai, o faz através dos meandros lamacentos de um complexo delta, "que tem

22 bocas".[14] Com a certeza de que seria arriscado demais subir delta tão sinuoso com suas caravelas, Jaques deixou-as ancoradas na ilha de São Gabriel e entrou no Paraná com dois batéis, acompanhado por cerca da 20 homens.

Cristóvão Jaques descobriu então um território de extraordinárias riquezas naturais. O rio Paraná era repleto de peixes, e suas margens, planas e recobertas de campos e matas, eram percorridas por "uma infinidade" de avestruzes, veados, jaguares, lobos, raposas e "umas ovelhas selvagens, parecidas com camelos".[15] Estas "ovelhas" eram, na verdade, guanacos. Jaques subiu o Paraná por 23 léguas (cerca de 140 km), até as proximidades da atual cidade de Rosário, na Argentina (veja mapa na página 197). Ali, os índios lhe deram "pedaços de prata e de cobre e algumas pedras com veios de ouro".[16] Mas asseguraram que a "serra da Prata" e o território do suposto "rei branco" ficava 300 léguas (1.800 km) rio acima, no topo das montanhas recobertas por neves eternas.

Sabendo que não poderia percorrer tal distância em simples batéis – meros barcos a remo, como eram –, Cristóvão Jaques retornou para suas caravelas e partiu de volta para Portugal em abril de 1522 disposto a organizar uma nova expedição. Ainda irritado com a troca dos náufragos de Solis pelos portugueses que tinham sido presos em Porto Rico – e decidido a cumprir a promessa de não levar outros náufragos de volta para a Europa –, ele simplesmente abandonou Francisco del Puerto entre os nativos da ilha de São Gabriel, assim como tratou de deixar Melchior Ramires no porto dos Patos, em Santa Catarina. A seguir, partiu para a feitoria que fundara seis anos antes, na ilha de Itamaracá e ali, após carregar as caravelas com pau-brasil, deixou desterrado o piloto Jorge Gomes, com o qual tivera uma áspera discussão sobre questões náuticas.

Se soubesse o papel que a história reservava para aqueles três homens, é bem provável que Cristóvão Jaques não os tivesse deixado no Brasil.

Como quer que seja, ao chegar a Lisboa, no segundo semestre de 1522, Jaques ficou sabendo que seu protetor, o rei D. Manuel, havia morrido no dia 21 de dezembro do ano anterior. Viu-se, assim, privado de um canal direto com o soberano. D. João III, filho e sucessor de D. Manuel, não só demorou meses para receber Jaques na corte como não aprovou o envio de uma nova expedição para subir o rio Paraná e descobrir a serra da Prata.

Depois de três anos de espera, Jaques, indignado, resolveu ceder ao assédio do embaixador castelhano em Lisboa, Juan de Zuñiga. Em troca de 50 mil maravedis, ele disse que revelaria a Castela tudo sobre "um maravilhoso rio de água doce, largo de 14 léguas na embocadura, e muito rico em prata, ouro e cobre".[17]

Ao embaixador logo pareceu que tal rio (que era o Paraná, e não propriamente o Prata) ficava em terras de Castela. A suspeita se confirmou quando Jaques foi "dissimuladamente e com muito medo" à pousada na qual Zuñiga marcara o encontro. Embora não tenha havido acordo entre o embaixador e o navegador, foi graças à carta que Juan de Zuñiga enviou ao imperador Carlos V, em 24 de julho de 1524, relatando esse encontro, que a jornada de Jaques ao Prata e ao Paraná pode ser conhecida.

A carta de Zuñiga foi descoberta em 1897, no arquivo de Simancas, na Espanha, desvendando assim mais uma espantosa trama na história da exploração e conquista da América que, de outra forma, nem sequer teria sido revelada. A sequência de fatos quase inacreditáveis que iriam se passar na região do Prata e litoral sul do Brasil, no entanto, estava apenas se iniciando.

VI

Fabulosa jornada à Serra do Prata

Em 1524, enquanto Cristóvão Jaques mantinha um encontro clandestino, "em uma pousada", com o embaixador de uma potência rival, o náufrago Melchior Ramires seguia vivendo no porto dos Patos, em Santa Catarina. Se o ríspido capitão pretendeu castigá-lo mantendo-o no desterro, a punição não parece ter surtido o efeito desejado. Evidências permitem supor que a vida de Ramires e de seus companheiros de exílio estava próxima do idílico. Não apenas isso: em breve, aqueles homens iriam desempenhar um papel-chave na história da exploração europeia da América e o próprio Ramires seria recebido por D. João III, o mesmo rei que se recusara a conceder audiência a Cristóvão Jaques.

Além de Melchior Ramires, são conhecidos os nomes de outros três náufragos de Solis. Eram eles Aleixo Garcia, Henrique Montes e um "mulato" chamado Francisco Pacheco. Não se sabe ao certo quantos tripulantes de Solis sobreviveram ao naufrágio de fevereiro de 1516 – além dos quatro citados e dos sete que Jaques capturara em agosto daquele ano. Sabe-se, isso sim, que ao retornar a Santa Catarina, em 1521, Jaques encontrou nove europeus vivendo no porto dos Patos. Mas talvez nem todos fossem náufragos. Afinal, ao passar pela ilha de Santa Catarina na viagem de ida para o Prata, no verão de 1516, Solis batizara a atual praia de Naufragados de "baía dos Perdidos". O nome foi escolhido porque ali Solis deparara com alguns "homens brancos, desterrados por causa de suas malfeitorias".[1]

De qualquer forma, o acaso do naufrágio – ou o rigor do desterro – que levara aqueles homens a, subitamente, se encontrarem isolados da civilização numa remota ilha do litoral sul do Brasil iria adquirir extraordinária importância para a história da conquista da América do Sul. Fosse porque aquela era uma costa pouco percorrida e raramente visitada por outros navios europeus, fosse pelas condições favoráveis que eles logo passariam a desfrutar graças às boas relações que estabeleceram com os nativos, o fato é que os náufragos de Solis passariam dez longos anos em seu exílio nos trópicos. Durante esse período, eles concluíram que as notícias relativas ao "rei branco" e à fabulosa "serra da Prata" só poderiam ser verdadeiras, uma vez que todas as tribos da região repetiam as mesmas informações com os mesmos detalhes. A princípio, os sobreviventes da expedição de Solis trataram de investigar por si próprios a veracidade da lenda. Depois, se empenharam em transmiti-la para todos os navegantes que, a partir de 1526, começaram a aportar em Santa Catarina. Os episódios daí decorrentes – hoje virtualmente ignorados pela historiografia oficial – iriam se tornar um dos acontecimentos mais importantes das três primeiras décadas da história do Brasil.

Inflamados pelas informações dadas pelos náufragos de Solis, portugueses e espanhóis iriam se empenhar na conquista do rio da Prata – considerado a "porta de entrada" para as riquezas de que falavam os indígenas. Por isso, as atenções das Coroas de Portugal e Espanha se voltariam para o litoral sul-brasileiro – e isso duas décadas antes que a colonização do Nordeste e o ciclo do açúcar se iniciassem com sucesso, incorporando, enfim, o Brasil ao jogo planetário das trocas mercantis.

Em 1517, um ano após o naufrágio, os homens de Solis – que a princípio tinham se instalado na ponta sul da ilha de Santa Catarina – deixaram a baía dos Perdidos e se transferiram para o continente, estabelecendo-se no lugar que ficaria conhecido como porto dos Patos. O porto dos (índios) Patos ficava na baixada do rio Massiambu, entre as atuais enseada de Brito e praia da Pinheira, quase em frente à ponta sul da ilha.

Em novembro de 1521, ali viviam nove europeus, cada um deles em companhia de três ou quatro nativas. Todos tinham seus próprios escravos e mantinham boas relações com os chefes locais. O mar lhes fornecia tainhas, garoupas e mariscos em profusão. Suas mulheres plantavam mandioca e colhiam pitangas, butiás e goiabas. Os guerreiros Carijó lhes supriam de carne de anta e de veado e de perdizes e marrecos. A abundância dessas aves era tal que faria com que os Carijó ficassem conhecidos como "índios patos". Embora impedidos de retornar à Europa, os náufragos de Solis serviam-se dos cedros e perobas das matas de Santa Catarina para construir seus próprios barcos (os bergantins). Com os índios aos remos, navegavam ao longo da costa sul do Brasil, de Laguna até São Vicente, em São Paulo. Várias vezes fizeram o percurso até Cananeia, onde vivia um grupo de degredados espanhóis.[2] Altivos capitães europeus logo iriam depender das informações dadas por esses homens.

O PEABIRU

No verão de 1524 Aleixo Garcia partiu do porto dos Patos para realizar uma das mais extraordinárias jornadas da história do Brasil. Não se sabe quem ele era, nem onde ou quando nasceu. Sabe-se apenas que era português e que devia ser um sujeito tremendamente arrojado. Depois de viver durante

> *Em 1663, o padre jesuíta Simão de Vasconcelos descreveu a baixada do Massiambu, onde ficava o porto dos Patos. Seu relato: "É uma formosa enseada, coberta de arvoredo, retalhada de correntes de águas, povoada de feras somente, e tem tanta quantidade de veados que parece o campo de caça de um rei; e se não forem os tigres que os comem, serão infinitos. Parece um viveiro de peixe e marisco para todo o tempo e de toda a sorte. Daqui foi levado o casco de ostra no qual um capitão de São Vicente mandou lavar os pés de um bispo em lugar de bacia".*

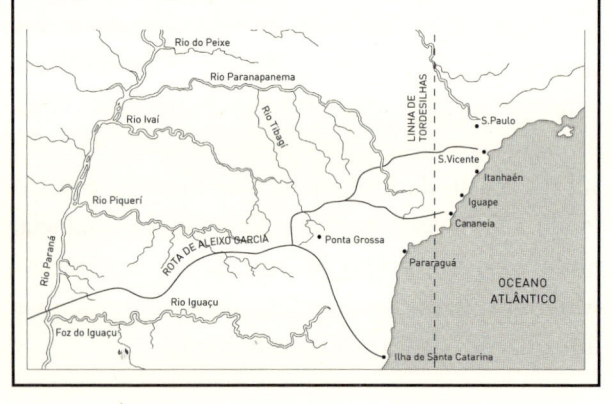

oito anos entre os índios Patos, Garcia estava familiarizado com as histórias referentes à serra da Prata e ao poderoso "rei branco". A coerência entre os relatos feitos por nativos de várias e diferentes tribos o convencera que – embora mirabolante – a história deveria ser verdadeira. Ele decidiu investigá-la pessoalmente.

Ilha de Santa Catarina
Porto dos Patos
Rio Massiambu
Praia de Naufragados
Local do Naufrágio
Praia da Pinheira
OCEANO ATLÂNTICO

Aleixo Garcia arregimentou um exército formado por dois mil índios flecheiros (carijós, em sua maioria) e partiu para sua assombrosa jornada em direção ao Peru e às fabulosas riquezas do Império Inca. Com o grupo, seguiu o mulato Francisco Pacheco. Do porto dos Patos, a tropa de Garcia se dirigiu, provavelmente por mar, a bordo de bergantins e longas canoas indígenas, até a foz do rio Itapocu, considerado "a porta de entrada do sertão". O Itapocu, que mantém o mesmo nome, fica próximo à atual praia de Piçarras, cerca de 20 km ao norte do balneário de Camboriú. Seguindo pela margem esquerda do Itapocu, o grupo penetrou no continente e deu início à caça ao tesouro.

Guiado pelos nativos, Aleixo Garcia venceu a serra do Mar e chegou a uma trilha indígena bem demarcada, que percorria às nascentes do rio Iguaçu, numa região de campos planos, repletos de araucárias, e de cuja existência ele já fora informado. Por essa trilha, ele pretendia seguir até o Paraguai. Tal caminho era chamado pelos Tupi-guarani de Peabiru.[3]

Não se tratava de uma mera vereda na mata: era quase uma estrada "larga de oito palmos (1,60 m), com mais de 200 léguas (ou 1.200 km) de comprido", sinalizada "por certa erva muito miúda que, dos dois lados, crescia até quase meia vara (60 cm), e ainda quando se queimassem os campos, sempre nascia aquela erva e do mesmo modo".[4]

O Peabiru podia ser alcançado tanto a partir da foz do Itapocu, quanto de Cananeia, de São Vicente e de São Paulo. Em algum lugar do planalto sul-brasileiro, nas proximidades da atual cidade de Ponta Grossa (PR), essas trilhas e ramais se juntavam ao Peabiru e, cruzando pelas nascentes dos rios Tibaji, Ivaí e Piquiri, seguiam pela margem direita do rio Iguaçu até sua foz, no rio Paraná. Cruzando o Paraná, o Peabiru conduzia até o rio Paraguai e acabava na confluência deste rio com o rio Pilcomayo, no local onde seria fundada, mais tarde, a capital do Paraguai, Assunção. A grande área pantanosa do Chaco impedia que o Peabiru se unisse à rede viária construída pelos Incas, com estradas pavimentadas, pontes pênseis, pedágio e postos de inspeção.

Alimentando-se basicamente de mel silvestre, palmitos, milho e farinha de pinhão, a grande tropa de Aleixo Garcia levou cerca de quatro meses para vencer a distância de cerca de mil quilômetros entre Santa Catarina e o sítio da futura cidade de Assunção. A partir dali, é provável que tenha seguido por via fluvial, subindo o rio Pilcomayo até suas nascentes, nos contrafortes dos Andes.

Chegando até a atual província de Chuquisaca, no sudeste da Bolívia, próximo da atual Santa Cruz de la Sierra, Aleixo Garcia e seus dois mil Guarani atacaram os postos fronteiriços do Império Inca, localizados nas cercanias da atual cidade de Sucre.

Garcia deve ter estado a menos de 150 km de Potosí, a fabulosa montanha de mais de 600 metros, quase que inteiramente de prata pura, e local que dera origem à legenda da "serra da Prata". O "rei branco" também existia: era o Inca Huayna Capac,[5] que vivia em Cuzco, a capital imperial, localizada 600 km ao norte de Sucre.

O exército de flecheiros comandado por Aleixo Garcia atacou com ardor os vilarejos localizados nos arredores de Sucre e Potosí. Após encher cestos com taças de prata, peitorais de ouro e objetos de estanho, o grupo de guerrilheiros bateu em retirada, iniciando sua jornada de regresso a Santa Catarina. Mas, ao chegar às margens do rio Paraguai, a tropa foi atacada pelos temíveis Payaguá – índios extremamente ferozes que, dois séculos mais tarde, ficariam conhecidos como os "piratas do rio Paraguai", aterrorizando os viajantes das monções (como eram chamados os comboios fluviais dos bandeirantes que, a partir de 1720, partiam de São Paulo para Cuiabá). Entre as centenas de mortos estava o próprio Aleixo Garcia.

Em fins de 1525, uns poucos sobreviventes da aventura de Aleixo Garcia conseguiram chegar ao porto dos Patos, mais mortos do que vivos. Entre eles estava o mulato Francisco Pacheco, um dos náufragos de Solis. Como prova da extraordinária (embora malsucedida) façanha, Pacheco mostrou a Melchior Ramires e a Henrique Montes algumas peças de prata e ouro saqueadas aos Incas em Chuquisaca e fez um relato detalhado da expedição.

A partir de então, a febre de riquezas tomou conta daqueles dois companheiros de Aleixo Garcia que não haviam se arriscado a segui-lo na louca jornada até os Andes. Henrique Montes e Melchior Ramires logo iriam contagiar todos os viajantes europeus com os quais cruzaram a partir de então. Por intermédio deles, as notícias sobre a "serra da Prata" e o "rei branco" também iriam chegar aos ouvidos dos reis de Portugal e Espanha – e se tornariam a força motriz que impulsionou a exploração do rio da Prata e a ocupação do litoral sul do Brasil.

CABOTO, ACUÑA E GARCIA NO PORTO DOS PATOS

Em fins de outubro de 1526, um ano depois da morte de Aleixo Garcia, chegava à ilha de Santa Catarina o navegador veneziano Sebastião Caboto. Assim que ele ancorou, a primeira pessoa a subir a bordo de sua nau foi justamente Henrique Montes. E o relato que ele tratou de fazer impressionou todos os que o escutaram.

De fato, ao se encontrar com Caboto e com os capitães da frota, Henrique Montes assegurou que, caso lhe dessem ouvidos, "nunca os homens de uma armada seriam tão afortunados", pois "havia tanto ouro e tanta prata no rio de Solis que todos ficariam ricos, e tão rico seria o pajem como o marinheiro".[6] De acordo com o depoimento de uma das testemunhas daquele encontro, "a alegria que tinha o dito Henrique Montes era tanta que, quando aquilo dizia, mostrando as contas de ouro, chorava".[7] Como não é difícil supor, o entusiasmo de Henrique Montes contagiou toda a tripulação de Caboto.

Por ironia, Sebastião Caboto só havia chegado ao porto dos Patos porque fora conduzido até lá por um dissidente português – o piloto Jorge Gomes, o homem que Cristóvão Jaques deixara desterrado na feitoria de Itamaracá, em 1522. Os fabulosos relatos sobre as riquezas do rio da Prata feitos primeiro por Jorge Gomes e, depois, por Henrique Montes fariam com que Caboto simplesmente desistisse de sua missão original, que era seguir da Espanha para as ilhas Molucas, via estreito de Magalhães.

No início de 1518, dois anos após a trágica morte do piloto-maior João Dias de Solis no rio da Prata, Caboto fora escolhido para substituí-lo. Seduzido por um salário de 125 mil maravedis – mais do que o dobro do de Solis –, Caboto deixou Veneza e se transferiu para Sevilha. Destes formidáveis rendimentos anuais deveriam ser descontados os dez mil maravedis referentes à pensão da viúva de Américo Vespúcio. Homem de caráter dúbio, Caboto jamais pagou o que devia.

Em fins de 1525, o novo piloto-maior de Castela foi incumbido de partir em direção às Molucas,

> *O veneziano Sebastião Caboto era filho do grande navegador Giovanni Caboto, o homem que, sob bandeira inglesa, tinha percorrido vastas extensões da América do Norte em 1497 e em 1498. Sebastião acompanhara o pai em sua segunda viagem. Depois da morte de Giovanni – cuja terceira expedição se perdeu nos icebergs da costa norte do Canadá – e das subsequentes discussões entre Sebastião e o rei Henrique VII, relativas ao pagamento de uma pensão vitalícia, Caboto retornou para Veneza. Lá, não conseguiu convencer o Conselho dos Dez de que a seseníssima república de Veneza também deveria tomar parte na corrida ultramarina. Então, em 1518, Caboto decidiu se mudar para a Espanha.*

seguindo a rota aberta pela expedição de Fernão de Magalhães. Na mesma viagem, Caboto deveria tentar atingir também o Catai (a China) e Cipango (o Japão), além de procurar pelos reinos mitológicos de Tarsis e Ofir – territórios bíblicos, nos quais se encontrariam as riquezas do rei Salomão e cuja existência ainda era considerada uma realidade.

Com três naus e 150 tripulantes, Sebastião Caboto zarpou da Espanha no dia 3 de abril de 1526. Seguiu a rota tradicional: ancorou nas Canárias, fez escala em Cabo Verde e no dia 3 de junho de 1526 chegou ao cabo de Santo Agostinho, em Pernambuco. Quando os navios se aproximavam da costa brasileira, à procura de um rio para se abastecer de água doce, uma canoa indígena se acercou de uma das naus. A bordo dessa piroga, junto com os nativos, "vinha um cristão".[8] Ele subiu a bordo e se apresentou a Caboto: era Jorge Gomes, o piloto português que acompanhara Cristóvão Jaques ao Prata e subira o rio Paraná em 1521, sendo depois abandonado por ele na feitoria de Itamaracá. Gomes encheu a mente de Caboto com histórias sobre as inesgotáveis riquezas do Prata.

Retido pelo mau tempo e pelas correntes contrárias da costa leste-oeste (que quase o empurraram para o Caribe, como acontecera com Estevão Fróis 11 anos antes), Caboto só conseguiu partir de Pernambuco em setembro de 1526, depois de uma permanência de três meses no Nordeste brasileiro. Provavelmente ele já desistira de chegar às Molucas e estava decidido a explorar o Prata. De todo modo, se tal decisão ainda não fora tomada, ela certamente o seria no dia 28 de outubro de 1526, quando, por indicação de Jorge Gomes, Caboto chegou ao porto dos Patos. Foi ali que o taciturno capitão veneziano se encontrou com o entusiástico Henrique Montes.

Poucos dias depois da conversa entre Montes e Caboto, um outro náufrago de Solis chegava ao porto dos Patos, vindo do sul, a bordo de um bergantim, acompanhado por meia dúzia de indígenas. Era Melchior Ramires, que, cinco anos antes, também acompanhara Cristóvão Jaques ao Prata e ao Paraná. Com detalhes ainda mais tentadores, Ramires confirmou as notícias dadas por Henrique Montes relativas à expedição de Aleixo Garcia e às extraordinárias riquezas do rio que seria a via natural de penetração até o local onde o próprio Garcia recolhera as taças de prata e os peitorais de ouro.

Àquela altura, Ramires não estava mais vivendo no porto dos Patos. Ele havia se transferido para o sul de Santa Catarina e estava morando no local chamado de porto de Don Rodrigo. O porto de Don Rodrigo ficava a uns 60 km ao sul do porto dos Patos, provavelmente na atual praia de Imbituba (embora alguns pesquisadores achem que pudesse ficar em Laguna, o que também é possível). O local recebera esse nome porque, três meses antes do desembarque de Caboto, o capitão espanhol D. Rodrigo de Acuña chegara ali "meio desarvorado e faminto",[9] com seu navio com as velas rasgadas e os mastros rachados.

OS TORMENTOS DE D. RODRIGO

D. Rodrigo era capitão de um dos navios da frota comandada por Jofre de Loyasa, que partira de Sevilha no dia 25 de julho de 1525, nove meses antes de Caboto, e com a mesma missão: chegar às Molucas via estreito de Magalhães. Mas, ao se aproximar da entrada do terrível estreito, em pleno inverno austral, a frota de Loyasa foi varrida de volta para o litoral brasileiro. O navio de D. Rodrigo se desgarrou dos demais e foi dar no porto dos Patos.

Ao desembarcar, em agosto de 1526, D. Rodrigo horrorizou-se com a promiscuidade dos náufragos de Solis. Encontrou-os "amancebados com muitas negras"[10] (como então eram chamadas as nativas) e com uma vasta prole de crianças mestiças. O máximo que o casto D. Rodrigo pôde fazer foi mandar o capelão de seu navio batizar a meninada.

O efeito das conversas de Henrique Montes, Melchior Ramires e Francisco Pacheco sobre os tripulantes do navio de D. Rodrigo parece ter sido mais profundo do que o do batismo sobre as crianças. De acordo com o relato de D. Rodrigo, após ouvir as notícias sobre as riquezas do Prata, e ver de que maneira viviam os náufragos de Solis, "a metade dos meus homens pensava em abandonar a nau, para ficarem todos ali, transformados em selvagens".[11]

De fato, foram 32 os homens da nau de D. Rodrigo Acuña que desertaram. Com apenas metade da tripulação, ele se apressou em se retirar do porto dos Patos, dirigindo-se um pouco mais para o sul. Instalou-se por uns meses em Imbituba (ou Laguna), onde consertou o navio o melhor que pôde e, assim que possível, zarpou em direção ao norte do Brasil. Mas seus problemas estavam apenas começando.

Ao chegar à Bahia, nove dos 30 homens restantes foram devorados por índios antropófagos e, logo a seguir, seu navio foi atacado por um galeão francês, que negociava pau-brasil com aqueles nativos. Durante esse ataque, sua própria tripulação o abandonou, fugindo com a nau, enquanto o pobre D. Rodrigo – que negociava uma trégua com os franceses – foi deixado para trás, com apenas oito marinheiros em um batel (ou escaler). Depois de 20 dias remando pelo litoral nordeste do Brasil, o infeliz capitão conseguiu chegar "perdido, descalço e desnudo como um selvagem"[12] à feitoria de Itamaracá, na qual acabara de desembarcar Cristóvão Jaques.

Embora tenha sido D. Rodrigo quem alertou Jaques para a presença dos "entrelopos" franceses na Bahia, o pagamento que ele recebeu em troca foi o confinamento por 18 meses na feitoria de Pernambuco.

Meses mais tarde, quando Caboto chegou ao porto dos Patos, Melchior Ramires estava vivendo no porto de D. Rodrigo em companhia de 15 dos 32 desertores de D. Rodrigo de Acuña. Os demais haviam se mudado para Cananeia, onde moravam alguns degredados. Assim que soube da chegada da frota de Caboto, Ramires pegou seu bergantim e seus índios e se dirigiu para o porto dos Patos. Foi depois de conversar longamente com Henrique

Montes e Melchior Ramires que Caboto – do alto de sua condição de piloto-maior da Espanha – decidiu trocar definitivamente o objetivo inicial de sua missão: ao invés das Molucas, ele iria explorar o Prata e o Paraná.

Henrique Montes foi contratado para ser o "provedor da armada": ou seja, o responsável pelo abastecimento dos navios. Além dele, um certo Durango, desertor da nau de D. Rodrigo, adquiriu dos índios "398 galinhas". Eram os patos que, a partir de então, emprestariam seu nome aos Carijó.

Informado de que não poderia subir o rio Paraná em suas naus, Caboto encarregou Melchior Ramires da construção de um bergantim. Bergantins eram pequenos barcos a vela e a remo, esguios e velozes, com cerca de dez metros de comprimento, dois mastros de galé e oito a dez bancos para os remadores. Em cedro e peroba, o navio foi construído pelos índios, sob supervisão de Ramires.

Com o bergantim desmontado e acondicionado no porão de uma das naus, e com Melchior Ramires e Henrique Montes incorporados à tripulação, Sebastião Caboto partiu em direção ao "rio maravilhoso" em 15 de fevereiro de 1527. Pouco antes, em homenagem à sua mulher, Catalina Medrano, ele batizou a ilha em frente da qual estivera durante quase quatro meses com o nome de "Santa Catalina". No porto dos Patos, Caboto deixou desterrado o capitão Francisco de Rojas. Rojas fora terminantemente contrário à mudança de planos e achava que Caboto, mesmo sendo piloto-maior, não tinha o direito de desistir da missão para qual o próprio rei da Espanha o designara.

SEBASTIÃO CABOTO NO RIO DA PRATA

Em fins de março de 1527, Caboto entrou no vasto estuário do Prata. Navegou cerca de 300 km rio acima. Penetrou no rio Uruguai e ancorou nas proximidades da atual cidade de Carmelo, que ele batizou de São Lázaro (veja mapa na página 197). Era ali que então vivia Francisco del Puerto, o grumete que sobrevivera ao massacre de Solis e depois acompanhara Cristóvão Jaques, Paraná acima. O jovem Francisco – que havia mais de dez anos estava vivendo entre os Charrua – confirmou a Sebastião Caboto o que Jorge Gomes e Melchior Ramires já haviam dito: o melhor caminho para chegar à serra da Prata era subindo o rio Paraná.

Deixando dois de seus navios e uma guarnição em São Lázaro, Caboto ordenou que o bergantim fosse montado e, no dia 8 de maio, com esse navio e uma caravela, acompanhado por Francisco del Puerto, Melchior Ramires, Henriques Montes, Jorge Gomes e outros 80 homens, ele ingressou por uma das bocas do rio Paraná. Subindo o rio por mais de 300 km,

Na gravura ao lado, um bergantim.

Caboto fundou um pequeno forte, Sancti Spiritus, na confluência do Paraná com um de seus afluentes, o Carcarañá, um pouco acima do local no qual Cristóvão Jaques suspendera sua exploração cinco anos antes. Sancti Spiritus, com suas paredes de taipa e telhado de palha, ficava entre as atuais cidades Rosário e Santa Fé. Ali, Caboto e seus homens permaneceram durante sete meses.

No dia 23 de dezembro de 1527, a bordo do bergantim, também batizado de *Santa Catalina*, 25 homens – entre os quais Caboto, Ramires, Montes, Jorge Gomes e Francisco del Puerto – partiram para explorar o Paraná. Foi uma jornada terrível por um labirinto de ilhas, com correntes contrárias, sob o calor de um verão escaldante, com pouca comida, índios hostis, mosquitos aos milhões e febres palustres. Caboto subiu o Paraná até sua confluência com o rio Paraguai. No encontro entre os dois rios, optou por seguir Paraguai acima.

Mas, infelizmente para ele, avançou por menos de 200 km por esse rio, devido às fortes correntes, e resolveu dar meia-volta antes de ter chegado à foz do Pilcomayo, o rio que o teria conduzido à "sierra de la Plata". Assim, descendo o Paraguai, ele entrou novamente no Paraná e o seguiu por cerca de 200 km, até as proximidades da atual cidade de Posadas, na Argentina. Ali, fundou um novo fortim, chamado de Santa Ana (veja mapa na página seguinte). Quatro meses haviam se passado desde

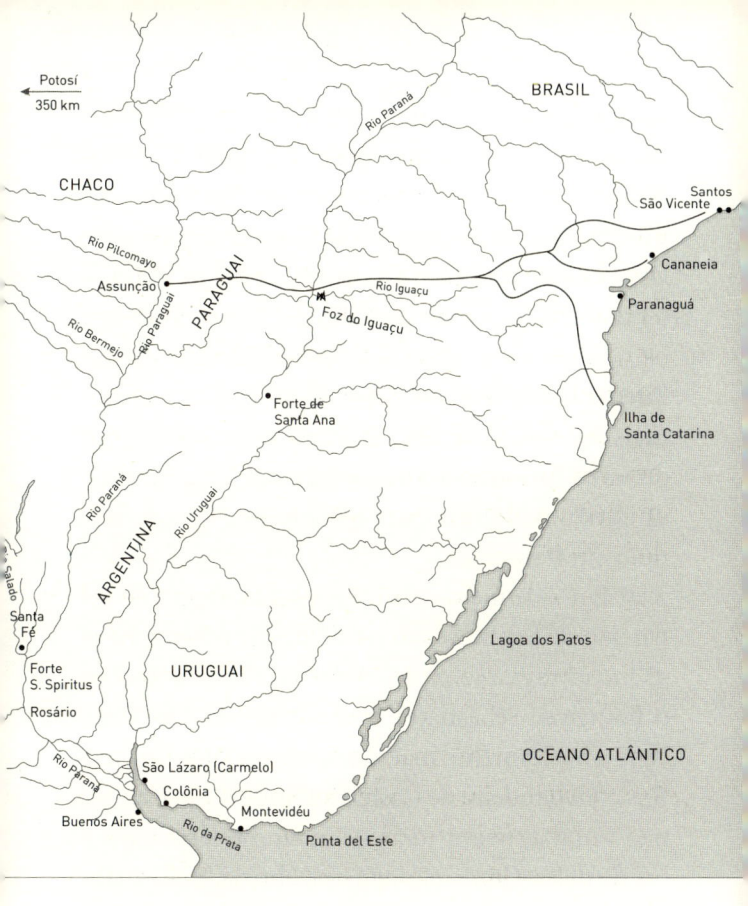

Mapa da bacia do rio da Prata, mostrando os fortes construídos por Caboto e a rota do Peabiru.

que o bergantim partira de Sancti Spiritus – e nada fora encontrado.

Ao visitar o fortim de Santa Ana, um chefe indígena amistoso, chamado Yaguarón, informou a Caboto que o verdadeiro caminho para a serra da Prata era pelo rio Paraguai. Caboto então deixou alguns homens em Santa Ana e desceu o Paraná, disposto a subir novamente o Paraguai. Entre os homens deixados no fortim estava Francisco del Puerto. Mais tarde, certa noite, esse grumete – que vivera quase a metade de sua vida entre os índios – teria aberto o portão da paliçada, permitindo que os nativos matassem os espanhóis. Francisco del Puerto ficou vivendo entre os indígenas e nunca mais se ouviu falar dele. Entre os mortos no fortim de Santa Ana estava o desafortunado Jorge Gomes: um destino inglório para o piloto que fora desterrado em Itamaracá.

Em 7 de maio de 1528, três dias depois de ter partido de Santa Ana, quando descia o Paraná e já se encontrava a cerca de 70 km da confluência com o Paraguai, Sebastião Caboto deparou com uma cena simplesmente inacreditável: viu dois bergantins com bandeira de Castela subindo o rio. Caboto não tinha a menor ideia de quem poderia estar a bordo deles. Como ele logo descobriria, o chefe dos bergantins era o capitão Diego Garcia de Moguer.

Apesar do nome (Moguer é uma cidade da Espanha), Diego Garcia era um experiente piloto português que provavelmente havia acompanhado a expedição de Solis ao Prata em 1515. Mais tarde, como tantos portugueses antes e depois dele, desertou para a Espanha. Em setembro de 1526, Garcia fora nomeado capitão-general de uma armada financiada por Cristóvão de Haro. O objetivo da diminuta frota, constituída por apenas uma nau e um galeão e com uma tripulação de 100 homens, também era atingir as Molucas.

O motivo pelo qual três expedições (a de Jofre Loyasa, da qual fazia parte D. Rodrigo de Acuña, a de Caboto e a do próprio Diogo Garcia) haviam partido da Espanha quase simultaneamente e com o mesmo objetivo pode ser explicado pelo fato de que a Coroa de Castela estava decidida a estabelecer sua soberania sobre as ilhas Molucas e a cidade de Málaca o mais clara e rapidamente possível.

As Molucas eram as ilhas que produziam as especiarias. Enviadas dali para a cidade de Málaca, elas abasteciam a Índia e faziam a riqueza dos mercadores árabes. Os portugueses tinham chegado ao sudeste da Ásia em 1508 e conquistado Málaca em 1511. Mas em 1522, a expedição de Magalhães voltara das Molucas com provas de que a região ficava dentro da demarcação espanhola.

As medições feitas pelos pilotos de Castela não foram aceitas em Portugal. Por isso, em maio de 1524, três cosmógrafos espanhóis e três portugueses, mais três pilotos e três "letrados" de cada país, se reuniram em Badajoz, na Espanha, para tentar definir por onde afinal correria a linha de Tordesilhas ao redor do globo. Muito mais do que o ponto do litoral brasileiro pelo qual passaria esse limite, o que realmente interessava, naquele momento, era a localização da linha no Oriente. Como a conferência resultou em impasse, Castela decidiu ocupar militarmente e o mais rápido possível as Molucas, "o berço das especiarias".

O MISTERIOSO BACHAREL DE CANANEIA

Diego Garcia partira de Palos em 15 de agosto de 1527 (quando Caboto já estava há dois meses no fortim de Sancti Spiritus). Ao contrário de Loyasa e de Caboto, ele fora autorizado pelo bispo Juan de Fonseca a explorar também o Prata – possivelmente porque já estivera lá. Depois de se abastecer nas Canárias, os navios de Garcia seguiram para São Vicente, no litoral sul de São Paulo. Após breve escala nesse ponto estratégico (que logo ficaria conhecido como porto dos Escravos), Diego Garcia partiu para Cananeia, onde chegou no dia 15 de janeiro de 1528.

Nessa ilha, no mesmo dia ou no seguinte, Diego Garcia encontrou um dos personagens mais sombrios e enigmáticos da história do Brasil – o homem a quem ele chamou de o Bacharel de Cananeia.

Não se sabe quem esse homem era, nem como ou quando havia chegado ao Brasil. Sabe-se, isso sim, que se tornara uma espécie de rei branco vivendo entre os índios; que tinha pelo menos seis mulheres, mais de 200 escravos e mais de mil guerreiros dispostos a lutar por ele; que era temido e respeitado por todas as tribos costeiras desde São Paulo até Laguna e que não havia quem ousasse desafiar o seu poder. O Bacharel de Cananeia era o virtual senhor do litoral sul do Brasil. Quase todo o resto que se pode dizer sobre ele são meras conjecturas.

O Bacharel não era um náufrago, como Henrique Montes ou Melchior Ramires. Não fora desterrado,[13] como Jorge Gomes. Não estava perdido, como D. Rodrigo de Acuña. O Bacharel de Cananeia era um degredado. Mas não era um degredado como Afonso Ribeiro – o homem que fora deixado por Cabral em Porto Seguro em 1500 e recolhido por Vespúcio em 1502. Ao contrário de Ribeiro, o Bacharel não quis se aproveitar das determinações do rei D. Manuel, de acordo com as quais qualquer degredado que retornasse a Portugal com informações sobre o Brasil não apenas seria absolvido de seu crime como receberia uma gratificação de 500 ducados.

UM FALASTRÃO

Apesar de o nome do mais misterioso degredado da história do Brasil não ser conhecido com certeza, sabe-se que o Bacharel de Cananeia não era um "bacharel" no sentido usual do termo, ou seja: "um indivíduo formado em alguma faculdade".

Embora no século XVI a palavra já fosse usada basicamente para indicar aqueles que cursavam a universidade, em sentido figurado ela também significava "individuo que habla mucho y fuera de propósito y de tiempo", de acordo com o *Diccionario de la Lengua Castellana*, editado pela Academia Española em 1516.

No Brasil, o Bacharel de Cananeia encontrara uma ocupação muito mais lucrativa do que meros 500 ducados. Ele se tornou o primeiro e um dos maiores traficantes de escravos do sul do Brasil – capaz de negociar cerca de mil cativos por vez. Foi o Bacharel quem inaugurou, em grande escala, a prática que se tornaria a principal atividade dos futuros colonos de São Vicente e a primeira fonte de renda da cidade de São Paulo: a escravização dos índios carijós. As vantagens e o poder que obtinha com o tráfico eram tão evidentes que ele jamais parece ter aventado a possibilidade de retornar a Portugal. Ainda assim, apesar de seu papel preponderante nos 30 primeiros anos da história do Brasil, sua real identidade permanece envolta em mistério.

Embora fosse analfabeto, ao retornar à Espanha, o capitão Diego Garcia ditou uma *Memória de la Navegación*, na qual fez um relato detalhado de sua viagem (redigido basicamente para atacar Caboto). Referindo-se ao dia 15 de janeiro de 1528, Garcia diria apenas ter encontrado "um bacharel português que vive ali faz bem 30 anos e tem muitos genros". Num trecho posterior de seu relato, Garcia citou o nome do Bacharel. Mas "os estragos feitos pelos anos e a incúria dos homens que deveriam cuidar do documento"[14] acabaram fazendo com que o papel se rasgasse justamente no ponto em que o nome do primeiro grande senhor de escravos do Brasil estava registrado.

Apesar de o historiador Rui Diaz Gusmán ter afirmado, em sua obra clássica, *La Argentina*, escrita em 1612, que o Bacharel se chamava Duarte Peres (ou Pires), documentos datados de 1540 e 1542 e descobertos em 1954 por Ernest Young permitem supor que seu verdadeiro nome era Cosme Fernandes Pessoa. O Bacharel seria, assim, o misterioso "mestre Cosme" encontrado, mais tarde, por outros viajantes em São Vicente e em Cananeia. Segundo Francisco de Varnhagen, o Bacharel fora deixado em Cananeia pela expedição de Gonçalo Coelho e Américo Vespúcio em 1502 (o que corresponderia aos aproximados 30 anos aos quais se referiu Diego Garcia).

Apesar de português, o Bacharel iria estreitar progressivamente seus laços com desertores e exploradores espanhóis, aos quais forneceria não apenas escravos, mas bergantins, víveres e mulheres. Ele parecia estar consciente de que Cananeia ficava dentro das possessões castelhanas no litoral brasileiro – como de fato estava.

Um dos muitos "genros" do Bacharel de Cananeia era Gonçalo da Costa (ou Acosta), também português e que estava vivendo desterrado no sul do Brasil havia cerca de 20 anos. Naquele 15 de janeiro de 1528, Gonçalo da Costa começaria a desempenhar um papel fundamental na exploração do Prata e do Paraguai. Ele e o Bacharel prometeram fornecer 800 escravos a Diego Garcia em um período de um mês. Em troca desses cativos, Garcia se comprometeu a levar Acosta de volta para a Europa. Mas este não foi o único negócio de que trataram o viajante espanhol e os degredados "brasileiros" em Cananeia.

O CONFLITO ENTRE CABOTO E GARCIA

Informado de que não poderia subir o rio Paraná a bordo de sua nau nem de seu galeão, Diego Garcia comprou o bergantim que pertencia a Gonçalo da Costa (o barco com o qual ele e seu sogro, o Bacharel, costumavam recolher escravos ao longo da costa e que já os conduzira algumas vezes ao porto dos Patos). Com a embarcação desmontada e Acosta a bordo, Garcia partiu para o Prata, onde chegou em fevereiro de 1528. No fim do mês, na ilha de São Gabriel, em frente à atual Colônia de Sacramento, ele ancorou, montou o bergantim e subiu o rio Paraná. Cerca de 600 km adiante, deu de frente com o bergantim de Sebastião Caboto, que descia o mesmo rio. Era o dia 7 de maio de 1528.

Foi um encontro constrangedor para os dois capitães. Mais do que isso, foi o início de uma relação conflituosa que iria perdurar por três anos e que os levaria a se enfrentar nos tribunais da Espanha. De início, Garcia tentou forçar Caboto a desistir de suas explorações no Prata – já que ele não fora autorizado a realizá-las. Mas, apoiando-se em sua posição hierárquica superior e no fato de já estar na região há mais de um ano – e, acima de tudo, respaldado pela superioridade numérica de seus homens e armas –, Caboto acabou conseguindo se impor a Garcia.

Primeiro, impediu-o de continuar subindo o rio Paraná. Em seguida, obrigou-o a retornar com ele ao forte de Sancti Spiritus. Por fim, mandou roubar as velas de seu bergantim. Ao fazê-lo, Caboto involuntariamente salvou Diego Garcia de ser morto pelos índios sublevados, que, com a cooperação de Francisco del Puerto, massacraram a guarnição que Caboto deixara no fortim de Santa Ana, às margens do rio Paraná, em território hoje argentino.

Depois de alguns meses como prisioneiro virtual de Caboto no forte de Sancti Spiritus, Diego Garcia relutantemente concordou em unir-se a ele e ajudá-lo a explorar o Alto Paraná e o Paraguai. Assim, os dois capitães ordenaram a construção de sete bergantins e, em dezembro de 1528, zarparam rio acima. Alguns meses antes, uma das naus de Caboto e o galeão de Garcia tinham sido enviados de volta à Espanha em busca de reforços e víveres. Por quase um ano, Caboto e Garcia navegaram muitas léguas rio acima – na contracorrente, portanto –, explorando, sem sucesso, o Paraguai, o Paraná e seus tributários (sem entrarem no Pilcomayo). Os índios, as febres e a fome os atacaram incessantemente. Em setembro de 1529, esgotado e faminto, Diogo Garcia desistiu da empresa. Um mês mais tarde, Caboto fez o mesmo.

Em novembro de 1529, Diego Garcia retornou ao porto dos Patos. Lá, ele recolheu o capitão Francisco de Rojas, que Caboto deixara desterrado ali

---

O DESTINO DE CABOTO

Sebastião Caboto desembarcou em Sevilha em 22 de julho de 1530 (dez dias antes de Diego Garcia). Trazia apenas 28 sobreviventes – e cerca de 60 escravos. O processo instaurado contra ele por Diego Garcia foi rápido e, em março de 1532, Caboto foi condenado a pagar 100 mil maravedis de multas e indenizações ao rei e ao próprio Garcia. Foi também condenado a um exílio de quatro anos em Oran, na Argélia. Poucos dias depois de a sentença ter sido promulgada, porém, o imperador Carlos V – que passava a maior parte do tempo na Alemanha – chegou a Sevilha e indultou Caboto.

O veneziano foi reconduzido ao cargo de piloto-maior da Espanha e recebeu o soldo que fora suspenso. Pelos 12 anos seguintes, viveu em Sevilha, mudando-se para a Inglaterra em 1548, onde morreu logo a seguir.

em fevereiro de 1527. Então, seguiu para Cananeia, onde permaneceu por vários meses como hóspede do Bacharel e do genro dele, Gonçalo da Costa, desfrutando seus escravos e suas mulheres. Em junho de 1530, zarpou para a Espanha, levando consigo não só Francisco de Rojas (para usá-lo como testemunha no processo que iria abrir contra Caboto), mas também o mulato Francisco Pacheco (náufrago de Solis e companheiro de Aleixo Garcia na extraordinária jornada pelo Peabiru) e o próprio Gonçalo da Costa. Este último levou consigo duas de suas mulheres, quatro filhos e sete filhas. Pacheco e Costa pagaram por suas passagens fornecendo a Diego Garcia oito e 15 escravos, respectivamente. Em 2 de agosto de 1530, Garcia aportou em Sevilha, com um total de 70 escravos a bordo – único resultado de seus três anos de viagem. No dia 16 do mesmo mês, apresentou queixa formal contra Caboto.

Em maio de 1530, Sebastião Caboto também havia chegado a Cananeia, lá encontrando Diego Garcia bem instalado nos domínios do Bacharel. Quando soube que seu rival levaria Francisco de Rojas para a Espanha, tentou forçar o capitão que punira com o desterro a embarcar em seu próprio navio. Rojas, temendo ser assassinado, se recusou. No dia 28 de maio, Caboto zarpou para a Espanha. A bordo, seguiam Melchior Ramires e Henrique Montes, que haviam se mantido fiéis a Caboto ao longo daqueles três anos de explorações infrutíferas. Henrique Montes embarcou para a Europa levando consigo três de suas mulheres indígenas.

A chegada, na Espanha, dos polígamos Gonçalo da Costa e Henrique Montes iria causar furor nas duas Coroas ibéricas – mas suas mulheres não tiveram nada a ver com isso. O que realmente interessava eram as fabulosas informações que eles detinham sobre a "sierra de la Plata". Essas notícias eram tão vivazes e intensas que, pouco antes, já tinham sido capazes de arrefecer o interesse da Espanha pelas ilhas Molucas. Pouco antes, como logo se verá, elas também haviam despertado cobiça vertiginosa em Portugal.

Nos primeiros dias de outubro de 1528, a nau que Caboto enviara do Prata para a Espanha em busca de reforços havia aportado em Lisboa. Seu capitão era o inglês Roger Barlow (homem de confiança do negociante Robert Thorne, um dos financiadores de Caboto). Durante os dias em que permaneceu em Portugal, Barlow se encontrou com o embaixador da Espanha, Lope Hurtado. No dia 19 de outubro de 1528, Hurtado escreveu uma carta bombástica para o imperador Carlos V, na qual dizia que, se fossem verdadeiros "os maravilhosos descobrimentos" feitos pelos homens de Caboto, "indubitavelmente Vossa Majestade Imperial não necessitará mais da canela ou da pimenta, porque terá mais ouro e prata do que necessita".[15]

A carta foi levada a sério na Espanha. Tanto que, em 22 de abril de 1529, os emissários de Carlos V assinaram com representantes do rei D. João III de Portugal o Tratado de Saragoça, mediante o qual, em troca de 350 mil ducados, a Espanha abria mão do direito de explorar as Molucas, cedendo o "berço de todas as especiarias" a seus rivais lusos. Uma cláusula do Tratado estabelecia que a Espanha deveria devolver o dinheiro caso, no futuro, ficasse provado que as ilhas não estavam dentro da sua jurisdição.

O Tratado de Saragoça solucionou o conflito entre as duas Coroas no Oriente. Mas, em breve, a luta diplomática iria se transferir para a região do rio da Prata.

VII

A EXPEDIÇÃO DE MARTIM AFONSO

A chegada do degredado Gonçalo da Costa e dos náufragos Melchior Ramires e Henrique Montes à Espanha causou profundo impacto e dissabor em Portugal. Afinal, embora fossem homens de baixa condição social, eles eram portadores de notícias tão extraordinárias que chegaram mesmo a ser recebidos em audiência na corte – e por ninguém menos que o próprio imperador Carlos V.

Apesar de envolvido na guerra contra Francisco I da França, Carlos V encontrou tempo para escutar pessoalmente os fabulosos relatos sobre a "serra da Prata" e o "rei branco". E tratou de iniciar o planejamento para uma grande expedição cujo objetivo era a fundação de uma cidade castelhana na boca do estuário do Prata. Comandada – e financiada – pelo fidalgo Pedro de Mendoza, essa expedição de fato zarpou de Sevilha em fins de 1534, e nela Gonçalo da Costa e Melchior Ramires ocupavam cargos da mais alta importância.

Mas a guerra contra os franceses atrasou os esforços dos espanhóis: quatro anos antes, em 1530, o rei D. João III já havia enviado uma nova frota portuguesa para explorar o Prata. Ela era comandada por Martim Afonso de Sousa e levava, como "provedor da armada", Henrique Montes e, como "língua da terra" (intérprete), Pedro Annes (marinheiro da nau *Bretoa* que, 20 anos antes, acusado de roubo, fora desterrado no Rio com João Lopes de Carvalho).

Antes mesmo que as notícias sobre o julgamento de Caboto chegassem a Portugal, o rei D. João III já sabia tudo sobre a viagem dele ao Prata. Afinal, o piloto da caravela de Roger Barlow – que havia ancorado em Lisboa, antes de chegar a Sevilha para pedir reforços para Caboto – era o português Rodrigo Álvares. Fora ele quem divulgara as notícias "sobre as costas do ouro e da prata entre os homens do mar do porto de Lisboa, que não tardaram a fazê-las chegar aos ouvidos do rei".[1]

Por isso, quando D. João III soube da chegada a Sevilha do degredado Gonçalo da Costa e do náufrago Henrique de Montes – ambos portugueses –, tentou atraí-los a Lisboa. O primeiro a ser chamado foi Gonçalo de Costa. Por volta de outubro de 1530, o rei enviou seus agentes a Sevilha com a missão de levarem o ex-degredado para Portugal. Quando Gonçalo da Costa chegou a Lisboa, foi de imediato conduzido à corte. Depois de 20 anos de exílio, lá estava o caçador de escravos, genro do misterioso Bacharel de Cananeia, em frente ao seu soberano. E quem precisava dele era o monarca...

Apesar das promessas do rei – que "lhe perguntou coisas sobre o rio de Solis, que os portugueses chamam da Prata"[2] –, Gonçalo fugiu de Lisboa, "porque, como não lhe deixaram retornar a Sevilha para pegar mulher e filhos, teve medo que o detivessem e deixou o reino sem que ninguém soubesse e sem se despedir de Sua Alteza".[3] O assédio ao ex-degredado e seus desdobramentos ficaram conhecidos porque, em 17 de fevereiro de 1531, a imperatriz D. Isabel, mulher de Carlos V, escreveu ao seu embaixador em Lisboa, Lope de Mendoza, ordenando-lhe que descobrisse tudo sobre a expedição que D. João III "pretendia enviar ao Prata".

De fato, durante sua breve estada em Portugal, Gonçalo da Costa soubera que D. João estava preparando o envio da frota de Martim Afonso de Sousa. Conforme a imperatriz diria a seu embaixador, Gonçalo da Costa também "suspeitou que a dita expedição vai partir com dois ou três fins: expulsar os franceses da costa do Brasil, explorar o rio Maranón, que diziam ficar em sua demarcação, e fazer algumas fortalezas nos portos – como o porto de São Vicente –, pois levam muita artilharia grossa e porque, deste porto, que também fica na sua demarcação, pensam em entrar por terra ao rio da Prata".[4]

Quando a carta de D. Isabel chegou a Lope Hurtado de Mendoza, a armada de Martim Afonso já estava no Rio de Janeiro. Tinha partido de Lisboa no dia 3 de dezembro de 1530, com um galeão, duas naus, duas caravelas e 400 homens a bordo. Seus objetivos estratégicos eram exatamente aqueles que Gonçalo da Costa informara à imperatriz: punir os franceses, explorar o rio Maranón (como se chamava então o Amazonas, avistado por Pinzón 30 anos antes) e fundar uma fortaleza em São Vicente. O propósito primordial da missão, porém – e muito mais importante do que os demais –, era a exploração do rio da Prata.

Por isso, um dos tripulantes mais importantes da armada era o português Henrique Montes. Ao contrário de Gonçalo da Costa, Montes aceitara as "mercês" de D. João III, e fugira para Portugal, com uma de suas mulheres (as outras duas ficaram na Espanha). Em 16 de novembro Montes foi feito "cavaleiro da Casa Real" e nomeado "provedor da armada de Martim Afonso, quer no mar, quer na terra".[5] Um destino surpreendente e de todo glorioso para um ex-náufrago.

Quatro dias depois da nomeação de Henrique Montes, foi a vez de Martim Afonso de Sousa receber cartas reais que lhe conferiam "grandes poderes". Feito capitão-mor da armada, Martim Afonso poderia doar terras em sesmarias, e criar e nomear tabeliães e oficiais de justiça. Tinha também poder de vida e morte sobre aqueles que o acompanhavam, com exceção dos fidalgos, que deveriam, em caso de problemas, ser julgados no reino. Martim Afonso fora incumbido de levar a lei e a ordem para o vasto território que permanecia ocupado apenas por náufragos espanhóis, traficantes franceses e degredados portugueses, que "viviam de acordo com a lei natural",[6] cercados de muitas mulheres e escravos nativos.

As circunstâncias excepcionais que cercaram a expedição de Martim Afonso levaram alguns historiadores a afirmar que ele partia com a missão de colonizar o Brasil. Antes dessa viagem, D. João III já vetara dois projetos colonizadores, apresentados por Cristóvão Jaques e João Melo da Câmara, irmão do donatário da ilha de São Miguel, nos Açores. Em 1529, Jaques propusera ao rei levar, à própria custa, mil colonos para o Brasil. O projeto foi recusado, pois o rei considerava Jaques um homem autoritário e independente demais. Melo, por seu turno, se comprometera a enviar, sem ônus para a Coroa, "dois mil homens de muita sustância que podem levar consigo cavalos e gados e todas as coisas necessárias para o frutificamento da terra".[7] Mas D. João III também ignorou essa proposta. Na verdade, não há indícios de que o rei estivesse interessado em povoar o Brasil antes de 1532. Como seus antecessores, ele também preferia ocupar a Índia.

Ao escolher Martim Afonso, seu amigo de infância, o verdadeiro objetivo de D. João III não era o de dar início ao povoamento do Brasil. O que o monarca de fato pretendia – além de combater o abuso dos traficantes franceses e explorar o Amazonas – era se apoderar da foz do grande rio que, segundo todas as evidências, conduziria à fabulosa serra da Prata e aos misteriosos e opulentos domínios do "rei branco".[8]

Com isso sonhavam também os 400 homens que embarcaram com Martim Afonso. É o que se pode deduzir da carta que o embaixador Lope de Mendoza enviou em resposta à imperatriz D. Isabel, na qual ele afirma que os tripulantes que partiram na frota o fizeram, quase todos, voluntariamente, "por vontade própria e sem salário".[9] Frei Gaspar da Madre de Deus confirma a notícia ao afirmar que "famílias inteiras" acompanharam a expedição: "Vão para o rio da Prata! E bastava escutar essa voz para que não faltasse quem quisesse alistar-se", escreveu o frei em *Memória para a História da Capitania de São Vicente*.[10]

Martim Afonso partiu de Lisboa em 3 de dezembro de 1530. Avistou o cabo de Santo Agostinho em fins de janeiro de 1531. Num sinal evidente de que os franceses continuavam ignorando o acordo firmado entre D. João III e Francisco I, a expedição deparou, já em seu primeiro dia no Brasil, com um navio normando carregando pau-brasil. Martim Afonso tratou de combatê-lo de imediato. Os "entrelopos" foram capturados e informaram que havia outros navios franceses ao sul do cabo de Santo Agostinho, possivelmente na ilha de Santo Aleixo, a uns 30 km dali.

Para lá rumou Pero Lopes de Sousa, irmão de Martim Afonso e redator do diário de bordo no qual foram registrados todos os acontecimentos da viagem. Pero Lopes enfrentou os franceses que resistiram até lhes acabar a pólvora. Depois da rendição dos inimigos, Pero Lopes capturou as duas naus, toda a sua artilharia e um grande carregamento de pau-brasil. O irmão de Martim Afonso então retornou para as proximidades da ilha de Itamaracá, uns 40 km ao norte do Recife. Lá, deixou seus feridos instalados "numa casa de feitoria que ali havia":[11] era o estabelecimento que Cristóvão Jaques fundara 15 anos antes. Foi ali que Pero Lopes e Martim Afonso se reencontraram, dias mais tarde. Todos esses acontecimentos se deram no início de fevereiro de 1531.

Logo a seguir, a frota se dividiu em três para melhor cumprir sua missão. Sob o comando do capitão Diogo Leite, as caravelas *Rosa* e *Princesa* foram enviadas para o norte, com a missão de explorar o rio Maranón, que Pinzón descobrira e percorrera exatos 31 anos antes. Uma das naus capturadas aos franceses partiu para Portugal, carregada com

70 toneladas de pau-brasil e 30 prisioneiros normandos. O restante da expedição – duas naus e um galeão, sob a chefia de Martim Afonso e Pero Lopes – zarpou em direção ao rio da Prata, seu objetivo primordial.

Em fins de março, enquanto os irmãos Sousa ainda estavam na Bahia, Diogo Leite chegou até a baía de Gurupi, atual divisa do Maranhão com o Pará. Devido ao mau tempo, ele não conseguiu explorar o rio Amazonas. Foi forçado a retornar a Lisboa sem ter cumprido sua importante missão e sem tomar posse do Amazonas.

O CARAMURU

No dia 13 de março de 1531, os navios de Martim Afonso chegaram à baía de Todos os Santos, local já bem conhecido pelos portugueses desde que a expedição de Gonçalo Coelho e Américo Vespúcio lá chegara, 30 anos antes. Lá, a expedição encontrou um náufrago que vivia há mais duas décadas no Brasil. Os índios o chamavam de Caramuru e ele iria se tornar uma figura-chave na história colonial do Brasil. O Caramuru estava casado com a índia Paraguaçu – com a qual tinha vários filhos. Paraguaçu era filha do principal chefe guerreiro da região e, graças ao casamento, Caramuru havia adquirido posição proeminente entre os Tupinambá da Bahia.

O lugar de destaque e o respeito dos Tupinambá por Caramuru se manteriam por muito tempo. Tanto é que, 18 anos mais tarde, foi graças à sua presença – e às boas relações que ele mantinha com os nativos – que Tomé de Sousa, o primeiro governador-geral do Brasil, decidiu se instalar justamente na Bahia e fundar ali, em maio de 1549, a primeira capital do Brasil, Salvador.

Não se sabe exatamente quando o navio do Caramuru naufragou na Bahia. De acordo com seu próprio relato, o naufrágio se dera em 1509 ou 1510. Aparentemente, apenas ele sobreviveu ao desastre que vitimou toda a tripulação. Os fatos que se seguiram ao naufrágio seriam envoltos em lenda depois que frei José de Santa Rita Durão escreveu o poema épico *Caramuru*, em 1781. Muitas das informações referentes à vida e à obra do misterioso náufrago foram extraídas dessa obra de ficção e, a partir de então – e até hoje –, tratadas como fatos históricos.

O Caramuru se chamava Diogo Álvares Correia e nascera em Viana, norte de Portugal. A própria origem do apelido foi romantizada por Santa Rita Durão. Segundo o frei, "Caramuru" queria dizer "Dragão Saído do Mar" ou "Homem do Trovão". O real significado da palavra, porém, parece ser "moreia", espécie de enguia – peixe-elétrico que dá "choque". Ao ser visto pelos nativos, entre as rochas, após o naufrágio, Diogo Correia teria disparado seu mosquete para o ar, apavorando os indígenas. "Como a moreia é um peixe comprido e fino como a espingarda, e faz estremecer e fere, assim os nativos batizaram seu portador", escreveu o historiador Francisco Varnhagen em 1854. Outros pesquisadores, porém, acham que a palavra provém de "caray-muru", que significa "homem branco molhado".

Antes da chegada de Martim Afonso, Caramuru já socorrera espanhóis e franceses e até tinha sido levado para a França, onde se casou oficialmente com Paraguaçu, batizada de Catarina, em homenagem à madrinha, Catarina des Granhes, mulher do navegador Jacques Cartier. Cinco anos após o encontro com Martim Afonso, Caramuru testemunharia o desembarque do primeiro donatário da capitania da Bahia, Francisco Pereira Coutinho.

Apesar de seu poder e de sua amizade com os nativos, Caramuru não conseguiu impedir a revolta dos Tupinambá contra os colonos escravagistas, que vieram com Francisco Pereira Coutinho – talvez até a tenha incentivado. O fato é que um conflito violento eclodiu por volta de 1545 –, e nele foi morto o próprio donatário. Quatro anos mais tarde, Caramuru prestaria auxílio ao governador Tomé de Sousa, de 1549 até 1553. Ele morreu com quase 70 anos, em 5 de outubro de 1557.

Em meados de março de 1531, depois de considerar as nativas da Bahia "tão formosas quanto as mais belas moças da Rua Nova, de Lisboa",[12] Martim Afonso partiu para o Rio de Janeiro. Na bela Guanabara, decidiu descansar a tropa e consertar os navios. Na atual Praia do Flamengo, fundou uma pequena vila, cercada por uma paliçada, com "uma casa forte", uma ferraria e um estaleiro. Ali, enquanto Henrique Montes era encarregado de obter mantimentos para a viagem ao rio da Prata – suficientes para 300 homens durante um ano –, o capitão ordenou a construção de dois bergantins de 15 bancos cada um.

Durante os quatro meses em que a expedição esteve no Rio, Martim Afonso repetiu o que Américo Vespúcio fizera três décadas antes: enviou quatro homens em missão de reconhecimento ao sertão. Passados 31 anos da descoberta do Brasil, aquela era a segunda incursão oficial ao interior do território. Por três décadas os portugueses tinham "negligenciado o interior daquelas terras, contentando-se de as andar arranhando ao longo do mar, como caranguejos",[13] para citar a frase que frei Vicente do Salvador escreveu em 1627.

Por dois meses, os homens de Martim Afonso percorreram 115 léguas (ou 700 km) – 65 das quais por montanhas imponentes e 50 por um grande platô descampado. Na volta, trouxeram um "grande rei", senhor de toda aquela região, que veio com "grandes pedaços de cristal e a notícia de que no rio Paraguai havia muito ouro e prata".[14] Segundo o historiador Capistrano de Abreu, os homens de

Martim Afonso subiram a serra da Mantiqueira e chegaram a São Paulo. E de acordo com o historiador luso Jaime Cortesão, esse "grande senhor" era Tibiriçá, cacique de Piratininga, a aldeia que daria origem à cidade de São Paulo, e sogro do soturno degredado João Ramalho, que Martim Afonso iria encontrar alguns meses mais tarde.

A TRÁGICA JORNADA DE PERO LOBO

No dia 1º de agosto de 1531, após quatro meses no Rio de Janeiro, a frota de Martim Afonso partiu para o sul. No dia 12, ancorou em frente à ilha de Cananeia, que Pedro Annes e Henrique de Montes com certeza já conheciam. Annes, "língua da terra", foi enviado a terra, num batel, para fazer contato com os nativos. Cinco dias mais tarde, retornou trazendo consigo o misterioso Bacharel de Cananeia, um dos muitos genros dele, chamado Francisco de Chaves, e mais "cinco ou seis castelhanos". Esses homens eram os desertores da nau de D. Rodrigo de Acuña que, fazia sete anos, viviam nos domínios do Bacharel.

Pero Lopes de Sousa, autor do *Diário* da expedição, não citou o nome do Bacharel, que, assim, permanece sem confirmação. Disse apenas que ele vivia "degredado ali havia 30 anos". Martim Afonso estabeleceu boas relações com o autêntico senhor daquelas terras. Tanto que lhe doou uma sesmaria, embora o Bacharel nunca tenha podido legalizá-la e permanecesse vivendo à margem da lei.

Dos homens que subiram a bordo naquele dia quem mais falou foi Francisco de Chaves. Ele garantiu que se lhe dessem homens suficientes, "voltaria para aquele porto, no espaço de dez meses, com 400 escravos carregados de ouro e prata". A proposta entusiasmou Martim Afonso.

No dia 1º de setembro de 1531, Francisco de Chaves entrava pela selva, acompanhado pelo capitão Pero Lobo e por mais 40 besteiros e 40 espingardeiros. A tropa pretendia atacar as aldeias limítrofes do Império Inca, localizadas a 2.000 km a oeste dali. Era uma reprise da aventura de Aleixo Garcia, realizada sete anos antes. Embora Francisco de Chaves e Pero Lobo não pudessem suspeitar, seu destino seria igual ao de seu antecessor.

Liderado por Chaves, o exército de Pero Lobo partiu de Cananeia por um dos ramais que conduzia ao Peabiru. Então, cruzou o rio Iguaçu pouco acima de sua estrondosa foz e entrou no território dos temíveis Payaguá. Os indígenas impediram o avanço da tropa e depois a atraíram para campo raso, onde Pero Lobo foi morto. "Com esse revés", conta o historiador Sérgio Buarque de Holanda, "sentiram-se tão desarvorados os expedicionários sobreviventes que deliberaram retroceder. Tornando ao rio Paraná, receberam-nos os índios da região com fingidas mostras de amizade, propondo-se dar-lhes passagem em suas canoas. Para esse efeito, trouxeram-nas furadas, mal tapadas de barro as fendas e aberturas. De sorte que, já no meio do rio, retiraram o barro, com o que se alagaram as canoas e, assim, dos portugueses, os mais se afogaram ao peso das armas que levavam, e alguns que apanharam vivos mataram-nos a flechadas e nenhum sobrou. Fora-lhes possível o estratagema por serem aqueles índios grandes nadadores e não haver o que lhes estorvasse os movimentos, pois que andavam nus. Com a malícia e traição de que se valeram nesse caso, terminou tristemente a jornada daqueles portugueses, da qual pode-se dizer foi, cronologicamente, a primeira entrada paulista da qual existe documentação."[15]

Enquanto a expedição de Pero Lobo partia para seu trágico destino na selva, Martim Afonso e Pero Lopes zarparam rumo ao Prata. O litoral era todo conhecido por Pedro Annes e Henrique Montes. Mas não foi uma jornada fácil. Na ida, um dos bergantins fez escala na ilha de Santa Catarina e lá encontrou 15 castelhanos. Eles confirmaram a notícia de que "havia muito ouro e prata sertão adentro e traziam mostras do que diziam".[16] A seguir, navegando pela costa do Rio Grande do Sul e Uruguai, Martim Afonso e Pero Lopes tiveram grandes dificuldades.

Segundo o próprio Martim Afonso, ele "passou por muitas tormentas, até por derradeiro me dar uma tão grande que se perdeu a nau em que eu ia e escapei em uma tábua".[17] Esse naufrágio se deu no dia 21 de outubro de 1531, na entrada do estuário do Prata, próximo a Punta del Este. O capitão-mor só se salvou por ser bom nadador. Embora tenham pescado "18 mil peixes em um só dia, entre corvinas e anchovas",[18] os lusos tinham perdido quase todos os mantimentos que Henrique Montes obtivera no Rio de Janeiro. Por isso – e pelo mau estado das naus e pelos fortes temporais de verão –, Martim Afonso foi forçado a desistir de explorar o rio da Prata.

Ainda assim, enviou Pero Lopes, com 30 homens num bergantim, rio Paraná acima, sob a orientação de Henrique Montes. Não se sabe até onde Pero Lopes avançou, mas provavelmente não passou da foz do rio Carcarañá, onde Caboto fundara o forte Sancti Spiritus cinco anos antes. Ali, apesar de saber que estava em território espanhol, Pero Lopes fincou marcos – então chamados "padrões" – com inscrições em português, tomando posse da terra em nome do rei D. João III.

Os marcos colocados por Pero Lopes de Sousa dariam origem a uma polêmica secular entre Portugal e Castela, travada em torno da posse do rio da Prata. Os portugueses – até então ferozes defensores do Tratado de Tordesilhas – passaram a advogar a tese de "posse por achado", baseados no fato de o rio da Prata ter sido descoberto em

1514 por João de Lisboa e Estevão Fróis. Tal decisão equivalia a rasgar o Tratado de Tordesilhas, mas foi a ela que Portugal se agarrou. A questão diplomática eclodiria com um estrondo 150 anos mais tarde, em 1680, quando os lusos fundaram a colônia do Sacramento, na margem esquerda do Prata, em frente a Buenos Aires.

No dia 1º de dezembro, Pero Lopes e seus homens decidiram descer o Paraná e retornar para a foz do estuário, onde Martim Afonso e os demais integrantes da expedição os aguardavam. No primeiro dia de 1532, toda a frota partiu de volta para o Brasil, chegando em Cananeia no dia 16 de janeiro. Cinco dias mais tarde, transferiram-se para São Vicente, local combinado para o reencontro com a tropa de Pero Lobo. Mas a expedição já fora trucidada pelos nativos.

Por um ano e três meses Martim Afonso permaneceu em São Vicente e acabou fundando ali a primeira cidade portuguesa no Brasil. Alguns historiadores, no entanto, afirmam que essa não teria sido uma decisão formal. Foi basicamente com a intenção de dar continuidade à exploração das riquezas do Prata que cerca de 250 integrantes da expedição de Martim Afonso simplesmente se deixaram ficar em São Vicente, "mais como hóspedes do que como colonizadores".[19]

O PATRIARCA DOS MAMELUCOS

Outros motivos podem ter contribuído para que vários homens de Martim Afonso decidissem se estabelecer em São Vicente. Um deles pode ser deduzido de uma carta escrita em 1554 pelo padre José de Anchieta. Além de buscar fortuna fácil em terra virgem, na qual não havia "nem lei nem rei" e onde abundavam "a caça, a pesca e os frutos silvestres", os colonos portugueses também depararam com nativas "que andam nuas e não sabem negar-se a ninguém, mas ainda elas mesmas assediam e importunam os homens, metendo-se com eles nas redes, pois consideram uma honra dormir com cristãos".[20]

Outro fato, de natureza mais prática, influiu na decisão dos colonos de se deixarem ficar em São Vicente. Além de ser considerado "a porta de entrada para o sertão" e o caminho natural para a serra da Prata, o local já era conhecido como "porto dos Escravos" – sede de um incipiente tráfico de cativos indígenas. Quem dera início, ali, a essa lucrativa atividade fora uma figura insólita que atendia pelo nome de João Ramalho.

Não se sabe se João Ramalho era náufrago ou degredado. Sabe-se apenas que estava no Brasil desde pelo menos 1508. Como Caramuru, Ramalho se tornara genro do maior líder guerreiro da região. De fato, entre suas muitas concubinas, a principal era Bartira, ou M'boy ("Flor de Árvore", em tupi), filha de Tibiriçá, chefe dos índios guaianás e futuro aliado dos portugueses.

Martim Afonso e João Ramalho se encontraram no verão de 1532, em São Vicente. Mas Ramalho não vivia à beira-mar: havia pelo menos duas décadas, ele se instalara no topo do planalto, acima da serra do Mar, nas proximidades da atual cidade de Santo André, a cerca de 100 km da costa. Dali, ele dirigia o tráfico de escravos do interior para o litoral. Foi Ramalho quem conduziu Martim Afonso serra acima, pela trilha escabrosa do Paranapiacaba ("lugar do qual se vê o mar"), caminho cujo traçado era similar ao da atual via Anchieta, a estrada que liga Santos a São Paulo. Ramalho era o senhor de todo aquele vasto e ainda desconhecido território, onde, por causa dele, os portugueses iriam se instalar poucos anos mais tarde.

Existem várias lendas em torno dessa figura enigmática. O que se pode dizer com certeza é que João Ramalho era venerado, temido e respeitado pelos nativos. De acordo com depoimentos posteriores, ele podia "arregimentar cinco mil índios, enquanto o rei de Portugal só ajuntaria dois mil". O cálculo foi feito pelo aventureiro alemão Ulrich Schmidel, que em 1553 trilhou o Peabiru desde Assunção, no Paraguai, até São Vicente. Ao passar por Santo André, achou-a com o "aspecto de um covil de bandidos" e ficou aliviado ao saber que

"Johanes Reimelle" não estava lá, mas no sertão, escravizando índios.[21]

Se João Ramalho infundia terror em homens como Schmidel, é fácil supor o que acharam dele os jesuítas que chegaram em seguida. Em carta escrita em agosto de 1553, o padre Nóbrega diria que a vida de Ramalho era "uma *petra scandali* para nós [...] Tem muitas mulheres e ele e seus filhos andam com as irmãs [de suas esposas] e têm filhos delas. Vão à guerra com os índios e suas festas são de índios, e assim vivem, andando nus como os mesmos índios". Apesar das declarações de Nóbrega, Ramalho não havia virado índio.

Tornou-se, isso sim, o patriarca dos mamelucos, o primeiro branco do Brasil a gerar uma dezena de filhos mestiços – os mesmos que, anos mais tarde, iriam compor o grosso do contingente das bandeiras paulistas e que revelariam violência inigualável na escravização dos indígenas do sertão.

O fato de João Ramalho viver "amancebado" com Bartira levaria o jesuíta Simão de Lucena a excomungá-lo em 1550. Mas, em 1553, Nóbrega percebeu que seria impossível levar adiante a obra de catequese sem o aval de Ramalho e passou a se empenhar pessoalmente para que ele casasse com Bartira. O casamento enfim se realizou e Bartira foi batizada com o nome de Isabel. Em julho de 1553, o governador-geral Tomé de Sousa nomeou Ramalho capitão-mor da vila de Santo André. Ao escrever para o rei, Sousa diria que Ramalho tinha "tantos filhos, netos e bisnetos que não ouso dizer a Vossa Alteza. Ele tem mais de 70 anos, mas caminha nove léguas (54 km) antes de jantar e não tem um só fio branco na cabeça nem no rosto".[22]

Em 1560, por ordem de Mem de Sá, terceiro governador-geral, Ramalho se transferiu de Santo André para São Paulo – e, dois anos depois, salvou a cidade de um ataque dos Carijó. Em 1564, recusou o cargo de vereador. Quatro anos depois, o jesuíta Baltasar Fernandes diria que Ramalho tinha "quase 100 anos, estando entre os índios e vivendo não sei de que maneira, e não querendo nada de nossa ajuda nem mistérios". Fernandes relatava também um acidente sofrido pelo patriarca, em andanças pelo sertão, afirmando que "sua hora cedo virá".

Mas João Ramalho só morreu em 1580, com mais de 95 anos de idade. Graças à sua liderança e aliança com os índios, graças ao seu conhecimento das trilhas que percorriam o planalto e graças ao rendoso tráfico de escravos que ele inaugurara, São Vicente e São Paulo acabaram se tornando as mais importantes vilas do sul do Brasil.

O processo de inserção de João Ramalho na história do Brasil se iniciou depois de seu encontro com Martim Afonso, no verão de 1532. As relações entre o capitão-mor e o patriarca dos mamelucos foram frutíferas e respeitosas. Há indícios de que

Martim Afonso conversava, negociava e se aconselhava constantemente com João Ramalho.

Tempo para isso não lhe faltou, pois Martim Afonso permaneceu em São Vicente até maio de 1533. Completados 18 meses desde a partida de Pero Lobo, o capitão-mor desistiu de esperá-lo e partiu para Portugal, não sem antes fazer de João Ramalho "guarda-mor da Borda do Campo" e determinar que só ele poderia "resgatar" (negociar) com os índios. Como o Bacharel de Cananeia, Ramalho também recebeu vasta sesmaria.

Durante o ano e meio que ficou em São Vicente, Martim Afonso não organizou uma nova expedição ao rio da Prata por vários motivos. Primeiro, ele tinha esperanças de que Pero Lobo e Francisco de Chaves voltassem de sua viagem, "com 400 escravos carregados de ouro e prata". Depois, fora convencido pelo próprio João Ramalho de que o caminho terrestre até o Peru era menos exigente do que a jornada fluvial rio Paraná acima. Além disso, o tempo estivera horrível: por meses a fio, choveu em São Vicente.

Em maio de 1532, um ano antes de partir, Martim Afonso enviara seu irmão Pero Lopes para o Nordeste do Brasil. Após uma escala no Rio e outra na Bahia (onde desertaram três marujos), Pero Lopes chegou a Pernambuco no dia 4 de agosto. Lá, encontrou a feitoria de Cristóvão Jaques (onde, em fevereiro de 1531, ele próprio havia deixado seus feridos convalescendo) ocupada por 70 franceses. Esses homens tinham sido deixados ali pela nau *Peregrina*. Por 18 dias, Pero Lopes os combateu ferozmente. Matou seis e prendeu 64, dos quais mandou enforcar 20. Após reconstruir e armar a feitoria, zarpou para Portugal, onde chegou no início de 1533, com mais de 40 prisioneiros.[23]

Em agosto de 1533, seis meses após o retorno de Pero Lopes, Martim Afonso aportava em Lisboa. Poucas semanas mais tarde, chegavam a Portugal as notícias mais desalentadoras possíveis para os lusos e para os dois irmãos que tinham tentado conquistar a serra da Prata. Em árduo contraste com o destino inglório da excursão de Pero Lobo, um bando de aventureiros espanhóis, liderado por um ex-criador de porcos chamado Francisco Pizarro, acabara de realizar "a mais extraordinária façanha da história da conquista do Novo Mundo".[24] Em novembro de 1532, com 153 homens e 27 cavalos, Pizarro havia descoberto e fora capaz de conquistar o império do lendário "rei branco" – que, então, era o inca Atahualpa, filho de Huiana Capac.

O "feitiço do Peru"[25] paralisou toda a atividade exploratória e colonizadora dos portugueses (e dos espanhóis) na "costa do ouro e da prata", como era chamado, então, o litoral que vai de Cananeia até a foz do rio da Prata. Esse efeito estagnador se tornaria ainda mais completo depois de 1545, quando os espanhóis descobriram também a sierra de la Plata. Como o próprio "rei branco", esse lugar lendário, ao qual se referiam os índios do sul de São Paulo, de Santa Catarina e das margens do Prata, existia de fato: era o cerro de Potosí, montanha de 600 m de altura, quase toda de prata pura e da qual os conquistadores extraíram seis mil metros cúbicos do metal – fortuna que causou grande impacto na economia europeia.

Até o fim da primeira metade do século XVI, no entanto, nem os próprios espanhóis tinham plena consciência dos entornos geográficos de suas descobertas. Foi apenas em 1549 que, partindo de Assunção, o capitão espanhol Domingo de Irala chegou a Chuquisaca, na Bolívia (onde Aleixo Garcia estivera 25 anos antes), e pôde concluir, então, que o "rei branco" das lendas indígenas era o inca e que a sierra de la Plata era Potosí.

A conquista do Peru e a descoberta de Potosí fizeram com que "o caminho terrestre que conduzia do litoral atlântico ao Paraguai (o Peabiru) perdesse todo o seu valor, o Prata fosse esquecido pelo colonizador e desprezado por seus sequazes e a vida platense se recolhesse sobre si mesma", como escreveu o historiador paulista Caio Prado Jr.[26]

Decepcionados por não terem conseguido conquistar o império do "rei branco", Martim

Afonso de Sousa e seu irmão Pero Lopes jamais retornaram ao Brasil, voltando todas as suas ações e atenções para a conquista e o comércio com a Índia e deixando abandonadas as capitanias hereditárias que o rei D. João III decidira lhes dar logo após ambos terem retornado para Lisboa.

De fato, enquanto Martim Afonso e Pero Lopes ainda estavam no Brasil, o rei D. João III – alarmado pela captura da nau francesa *Peregrina* e firmemente aconselhado por seus assessores – decidiu, enfim, iniciar a ocupação e colonização do Brasil. Para fazê-lo, dividiu a colônia em 12 capitanias hereditárias e as repartiu entre membros da burocracia estatal.

Martim Afonso e Pero Lopes ganharam seus lotes. Martim Afonso se tornou dono de São Vicente e do Rio de Janeiro. Pero Lopes recebeu um lote vizinho a São Vicente e outro mais ao sul, que se estendia desde a ilha do Mel, no Paraná, até Laguna (em SC). Como prêmio por sua luta contra os franceses, Pero Lopes foi agraciado com um terceiro lote em Itamaracá, em Pernambuco.

Mas o Brasil jamais voltou a interessar os dois irmãos. Pero Lopes morreu num naufrágio, em 1539, quando retornava da Índia, onde cometeu grandes atrocidades contra árabes e hindus. Quanto a Martim Afonso, em suas memórias, redigidas em 1557, ele citaria o Brasil uma única vez, e apenas para dizer que, aqui, gastara "perto de três anos, passando muitos trabalhos, muitas fomes e muitas tormentas".[27]

A criação das capitanias hereditárias não ajudou a modificar o panorama desolador que se abatera sobre o Brasil após a descoberta do Peru. Em Portugal se espalhara, nessa mesma época, a tese de que "o ouro, prata, pedras preciosas são somente para os castelhanos e que para eles os reservou Deus".[28] Um espanhol se encarregaria de debochar dos portugueses afirmando que "as melhores minas do Brasil são capturar e matar (índios) tapuias".[29] Um poeta luso o ecoou, assegurando que tudo de bom estava "para além do Brasil".[30]

O trauma era tal que, em 1549, fracassado o projeto das capitanias hereditárias, Tomé de Sousa, primeiro governador-geral e primo-irmão de Martim Afonso de Sousa, veio para o Brasil ainda disposto a transformá-lo em "um outro Peru"[31] – milagre que ele evidentemente não pôde concretizar. Meio século havia se passado desde a descoberta de Cabral, e o Brasil continuava dependendo das ações de náufragos como Caramuru e de degredados como João Ramalho, enquanto o principal, e quase único, negócio dos colonos instalados no seu litoral continuava sendo a escravização dos nativos, comércio incrementado pelo obscuro Bacharel de Cananeia, ao mesmo tempo em que os traficantes franceses de pau-brasil seguiam com sua atividade em largas porções do litoral.

Náufragos, traficantes e degredados seguiam definindo o destino ainda incerto e sombrio do vasto território cuja exploração havia ajudado a desvendar e batizar "a quarta parte do mundo".

O PODER E O VALOR DAS MOEDAS

Embora alguns estudiosos queiram atribuir a origem da palavra "moeda" aos fenícios, povo que deu origem ao mercantilismo internacional, o mais provável é que o étimo provenha do latim "moneta" – uma referência ao lugar onde os romanos cunhavam suas moedas: o templo de Juno Moneta. O uso e a cunhagem de moedas, no entanto, era costume anterior ao apogeu de Roma e remonta ao século VIII a.C. O rei Creso, da Lídia, teria sido o primeiro a usar o ouro para cunhar suas moedas. No século III da era Cristã, o ouro – devido à escassez e valor – caiu em desuso. Mas, no século XII, o costume de utilizar o metal foi ressuscitado pelas moedas comerciais das repúblicas italianas de Veneza e Florença. Em 1283, o doge Giovanni Dandolo (1280-1289) cunhou em ouro a moeda chamada "zecchino" (de Zecca: Casa da Moeda). O zecchino – chamadas "sequin" em Portugal – tinha 3,5 gramas de ouro e trazia a seguinte inscrição em latim: *Sit Tibi, Christe Datus Quem Tu Regis Iste Ducatus*, que quer dizer: "Seja a Ti, Cristo, dedicado esse Ducado" ("Ducado", nesse caso, era a própria nação que cunhara a moeda). Por causa disso, o zecchino ficou conhecido por ducado. Durante cinco séculos, a moeda manteve o valor equivalente ao seu peso em ouro: 3,5 gramas.

Na Europa do século XVI, os preços eram praticados em ducados. Por exemplo: um quintal (ou 60 kg) de pimenta valia cerca de 35 ducados e um quintal de pau-brasil, 2,5 ducados (8,75 gramas de ouro). Uma nau valia aproximadamente mil ducados (ou 3,5 kg de ouro) e uma arroba (ou 15 kg) de açúcar, meio ducado. Conforme dito neste livro, Portugal pagou à Espanha 350 mil ducados (ou 100 kg de ouro) pela posse das ilhas Molucas.

O ducado circulava em Portugal, mas a principal moeda da nação era o cruzado. Vinte e cinco cruzados valiam um ducado. Embora a moeda circulante fosse o cruzado, a moeda de conta em Portugal era o real (cujo plural, até 1580, era reais e não réis, como seria a partir de então) – que não circulava mais desde fins do século XV. Um cruzado valia 400 réis. Uma nau valia 25 mil cruzados e a sua artilharia equivalia a 10 mil cruzados. Um escravo negro valia cerca de 3 mil cruzados e um nativo do Novo Mundo, 1 mil cruzados. A manutenção de um pelotão de 150 soldados durante um ano, em Angola, na África, custava 7,5 mil cruzados em

1536. Um serralheiro ganhava 175 cruzados por ano; um ferreiro, 150 e um condutor de carroças, 25 cruzados anuais.

Havia muitas moedas em circulação em Castela – entre elas a dobra, a onça, o dobrão e o peso. Mas a principal moeda de conta era o maravedi (ou morabitino, maravedim ou ainda amaravidil), moeda de origem árabe, cujo nome remete à dinastia dos Almoravides, que reinou na Espanha. Os Reis Católicos Fernando e Isabel desvalorizaram 18 vezes o maravedi. Ainda assim, 375 maravedis equivaliam a um ducado. Um maravedi valia 27 réis e um quintal de pau-brasil era vendido, em 1504, por 1.865 maravedis.

Notas

PARTE I

1 – Vários historiadores do século XVI se referem à viagem de Pinzón ao Brasil. O principal deles é Pietro Martir de Anghiera, autor da obra *De Orbe Novo Decades Octo* (*As Oito Décadas do Novo Mundo*). A *1ª Década*, que inclui o relato da viagem de Pinzón, foi escrita em 1501, publicada em 1511 e ampliada em 1516. Anghiera (1459-1526) era um sacerdote milanês, militar e diplomata, que desde 1488 vivia na Espanha e trabalhava para os Reis Católicos. Mais tarde, foi membro do Conselho das Índias. Seu relato sobre a viagem de Pinzón se baseou em uma entrevista feita com o próprio navegador, em outubro de 1500. Na segunda metade do século XVI, os historiadores padre Bartolomé de las Casas, Gonzalo Fernandez de Oviedo e Antonio de Herrera também descreveram a jornada de Vicente Pinzón, mas o fizeram baseados no depoimento de Anghiera.

2 – "mansos e pacíficos": citação do *Diário* de Cristóvão Colombo. O *Diário* de Colombo foi escrito pelo frei Bartolomé de las Casas, baseado nas cartas e nas anotações do próprio navegador, com quem Las Casas conviveu pessoalmente. Existem muitas edições e traduções do *Diário*. A melhor foi feita pelo historiador espanhol Carlos Sanz e publicada pela Biblioteca Nacional de Madri

em 1962. Existe uma edição em português, publicada pela L&PM (Porto Alegre, 1985).

3 – "turbilhões de vento": citação da narrativa de Pietro Martir de Anghiera, cujo trecho relativo à viagem de Vicente Yañez Pinzón foi parcialmente reproduzido pelo professor Duarte Leite, em seu artigo "Os Falsos Precursores de Álvares Cabral" (citado na Bibliografia).

4 – "grande perigo": mesma fonte citada acima.

5 – "vara" ou "barra de dois palmos": existem duas versões da narrativa de Pietro de Anghiera sobre a viagem de Pinzón. A primeira, escrita em 1501, foi feita pelo próprio Anghiera. A segunda, publicada em 1511, foi revisada e ampliada por Angelo Trevisan, chanceler da embaixada de Veneza na Espanha, a quem Anghiera confiou os originais. Na primeira versão, Anghiera descreve como "vara" o objeto dourado que os nativos teriam jogado à frente dos marinheiros de Pinzón. Na versão de Trevisan, esse objeto se transforma em "uma barra de dois palmos" (de comprimento). O prof. Duarte Leite publicou as duas versões na obra citada na nota 2.

6 – Pietro Martir nasceu em Anghiera, nos arredores de Milão, em 1459. Mudou-se para a Espanha em 1488, onde se tornou protonotário apostólico e membro do Conselho das Índias. Em setembro de 1501, foi enviado para o Egito, como embaixador dos Reis Católicos junto ao sultão do Cairo. Retornou para a Europa em 1506. Morreu em Sevilha, em 1526.

7 – Pelo menos três historiadores acham que os Potiguar jamais atacariam os europeus sem motivo. São eles: o inglês Robert Southey em sua *História do Brasil* (publicada em 1810), Cândido Zeferino (no livro *Brasil*, Cia.

Editora Nacional, 1900) e o prof. Duarte Leite, no artigo citado na nota 2.

8 – "vermelho bico de cisne mergulhando no oceano": citação de Francisco de Varnhagen, que visitou Jericoacoara em 1861 e se encantou com a beleza do lugar, que identificou como o "Rostro Hermoso" de Pinzón.

9 a 14 – citações da narrativa de Pietro Mártir de Anghiera.

15 – Frei Bartolomé de las Casas, principal cronista da viagem de Diego de Lepe, afirma que ele chegou ao cabo de Santo Agostinho. Samuel Morison e Max Justo Guedes acham que Lepe aportou no cabo de São Roque.

16 – "alto e atraente" e "extremamente cruel": citações de Samuel Elliot Morison em *The European Discovery of America - Southern Voyages*.

17 – "aproximar-se da costa": carta de Colombo aos Reis Católicos, trecho reproduzido por Max Justo Guedes no artigo "As Primeiras Expedições de Reconhecimento da Costa Brasileira", publicado no vol. I da *História Naval Brasileira* (citado na Bibliografia).

18 – "vigílias que havia tido": idem nota 17, acima.

19 – "mais brutais": citação de Samuel E. Morison, idem nota 15.

20 – "como aves que iam para terra": citação do *Diário da Descoberta da Índia*, narrativa da viagem de Vasco da Gama escrita pelo marinheiro Álvaro Velho (publicado pela Editora Objetiva, 1998).

21 – As *Instruções de Vasco da Gama para a Viagem de Cabral* foram vertidas em português atual por A. Fontoura da Costa e publicadas por T. O. Marcondes de Souza em *O Descobrimento do Brasil* (cit. na Bibliografia).

22 – "novo indivíduo da geração humana": citação de Simão de Vasconcelos em *Notícias Curiosas e Necessárias das Coisas do Brasil*, publicado originalmente em 1658.

23 – "grande caminho que tinha para andar": citação da carta de D. Manuel aos Reis Católicos, reproduzida no vol. II da *História da Colonização Portuguesa do Brasil*.

PARTE II

1 – "fama após a morte": citação da carta que Vespúcio enviou de Lisboa para Lorenzo di Pierfrancesco de Médici, em agosto de 1502. O original dessa carta, que deu origem ao panfleto *Mundus Novus*, está no chamado *Códice Strozziano 318*, da Biblioteca Nacional de Florença. A íntegra da carta foi publicada por T. O. Marcondes de Souza em *Amerigo Vespucci e Suas Viagens* (veja Bibliografia).

2 – Da carta que Vespúcio escreveu em Sevilha em 18 de junho de 1500 e enviou para Lorenzo de Médici existe apenas a cópia arquivada no *Códice Riccardiano 1910*. Esse Códice está na Biblioteca Riccardiana de Florença, que pertenceu ao marquês Riccardi. O códice foi escrito em 1514 por Piero Vaglienti e reúne cópias de 33 cartas de viagens redigidas pelos próprios viajantes ou por seus financiadores. Além de três cartas de Vespúcio, o códice possui também cópias de cartas escritas por Bartolomeu Marchioni, Girolamo Sernige e Piero Rondinelli. A referida carta de Vespúcio foi publicada pela primeira vez em 1745, por Angelo Bandini.

3 – A cópia da carta que Vespúcio enviou de Cabo Verde para Lorenzo de Médici também está no *Códice Riccardiano 1910*. Foi publicada pela primeira vez pelo conde Baldelli Bonn, em 1827.

4 – "turbilhões e tempestades": citação de uma carta sem data que Vespúcio também enviou para Lorenzo de Médici. A cópia dessa carta também está no *Códice Strozziano 318*, da Biblioteca de Florença.

5 – Max Justo Guedes é o principal defensor da tese de que a frota de Vespúcio ancorou na atual praia de Areias Alvas. Os argumentos de Justo Guedes – navegador experiente – são sólidos e respeitáveis. Vários outros historiadores, no entanto, acham que o desembarque de Vespúcio se deu na praia dos Marcos. O principal defensor dessa tese é Moacir Soares Pereira, autor de *A Navegação de 1501 ao Brasil e Américo Vespúcio*.

6 – "duvido que me deem crédito": citação da carta *Mundus Novus*. Essa é apenas uma das várias insinuações de Vespúcio de que o Brasil era um local paradisíaco. Noutro trecho da mesma carta, Vespúcio afirma taxativamente: "Em verdade, se o paraíso terrestre está localizado em alguma parte da terra, julgo que não dista muito dessa região".

7 – Conforme dito na nota 4, o *Códice Strozziano 318* é um conjunto de documentos que pertence ao acervo da Biblioteca Nacional de Florença.

8 a 11 – citações de cartas de Vespúcio.

12 – "broncas tribos nômades": citação de Capistrano de Abreu, no livro *O Descobrimento do Brasil*.

13 – "gente daquela terra": citação da *Lettera a Soderini*.

14 – As informações sobre a vendagem das cartas de Vespúcio foram obtidas no livro *Amerigo Vespucci e Suas Viagens*, de Marcondes de Souza.

15 – Citações de *A Utopia*, de Thomas Morus, tradução de Paulo Neves, edição da L&PM (Porto Alegre, 1998).

16 – "desordens havidas entre eles": citação de *Islario General de Todas las Islas del Mundo*, de Alonso de Santa Cruz. Santa Cruz foi o cosmógrafo da expedição de Sebastião Caboto, que chegou ao Brasil em 1526. Seu livro, descoberto e publicado por Francisco de Varnhagen em 1865, foi escrito em 1527 e é o primeiro a fazer referência ao destino dos 24 homens deixados por Vespúcio em Cabo Frio. Santa Cruz não cita suas fontes.

PARTE III

1 – Uma cópia do original da carta de Pietro Rondinelli foi feita por Piero Vaglienti em 1514 e acrescentada ao *Códice Riccardiano 1910*, da Biblioteca de Florença. Desde fins do século XIX, quando foi encontrada a cópia feita por Vaglienti, a carta de Rondinelli tem sido reproduzida em muitos livros sobre a história do Brasil.
2 – Informações citadas por A. L. Pereira Ferraz em *Terra da Ibirapitanga* e por Bernardino José de Sousa em *O Pau-brasil na História Nacional* (veja Bibliografia).
3 – A *Relazione di Lunardo da Cha Masser* foi reproduzida pela primeira vez por Próspero Peragallo no livro *Quarto Centenário da Descoberta da América*, publicado em 1892 pela Academia de Ciências de Lisboa. Desde então, tem sido citada e reproduzida em vários outros livros.
4 – A "Confirmação a Fernão de Loronha do privilégio de cidadão de Lisboa" foi publicada no Livro 4, folha 58, da Chancelaria de D. Manuel, e reproduzida por Antônio Baião no capítulo "O Comércio do Pau-brasil", em *Hist. da Col. Port. do Brasil*.
5 – Conforme Antônio Baião no artigo citado na nota 4. O texto original de Baião se refere "aos sucessos ferozes

de abril de 1506, em que cerca de dois mil judeus foram trucidados pela plebe excitada pelos dominicanos". O número de vítimas parece um tanto exagerado e, a rigor, desde 1497 não havia mais "judeus" em Portugal: todos os que ficaram no país passaram a ser "cristãos-novos".

6 – A descoberta de que o "contrato de arrendamento" do pau-brasil foi parar nas mãos do "armador e capitão de navios" Lopes Bixorda foi quase casual. Bixorda aparece citado como arrendatário num texto do cronista real Damião de Góis, no qual autor da *Crônica do Sereníssimo Rei D. Manuel* se refere aos três nativos que um dos navios de Bixorda levaram do Brasil a Portugal e "que causaram admiração a todos pela excelente pontaria de seus arcos". No texto, Góis diz que os "arcos eram de pau-brasil e as flechas de canas empenadas com penas de papagaio, as pontas são de pau e de osso de pescado, tão fortes que passam com elas uma tábua". De acordo com Góis, os "selvagens eram bem-dispostos, estavam vestidos de penas e falaram com o rei, por intermédio de um intérprete". Os nativos dispararam contra alvos móveis "que desciam o rio que por perto passava".

7 – A informação de que em 1558 as melhores árvores de pau-brasil só podiam ser encontradas "a mais de 20 km da costa" é do pastor Jean de Lery e aparece no seu livro *Viagem à Terra do Brasil*.

8 – A regulamentação coibindo o corte de pau-brasil e criando o cargo de guarda-florestal foi assinada por Filipe III em 12 de dezembro de 1605. A decisão, portanto, se deu durante o período da União Ibérica e não foi iniciativa de portugueses, mas de espanhóis. A íntegra do documento é citada por A. L. Pereira Ferraz em *Terra*

da Ibirapitanga e comentada por Warren Dean em *A Ferro e Fogo*.

9 – A origem e o significado das palavras "mair" e "peró" continuam controversos e ainda não foram claramente definidos. De acordo com Teodoro Sampaio, o mais emérito tupinólogo, "mair" provém do vocábulo "mbae-ira", que significa "homem que mora longe, apartado, solitário". Os Guarani do Paraguai chamavam os espanhóis de "mbaí", apelido muito similar e com o mesmo significado de "mair". Alguns indígenas do Brasil também chamavam os franceses de "ajurujuba", que significaria "papagaio amarelo" – "por serem louros e estarem sempre a falar", de acordo com Carlos Sarthou em *Passado e Presente da Baía de Guanabara* (Ed. Bastos, Rio, 1964). Com relação ao termo "peró" a polêmica é bem maior. O inglês Robert Southey afirmou, em 1789, que o termo provinha do espanhol "perro" ("cão") e exprimia o ódio que os selvagens do Brasil sentiam dos portugueses. Sua explicação foi rejeitada por muitos historiadores brasileiros e portugueses. De acordo com Estevão Pinto, em *Os Indígenas do Nordeste* (Cia. Edit. Nacional, SP, 1935), o nome teria surgido porque "muitos nativos pensavam que todos os portugueses se chamavam Pedro, ou Pero". Segundo Oswaldo Orico, em *Mitos Ameríndios* (São Paulo Editora, Rio, 1930), o termo seria originário da expressão "pero" (espanholismo que significa "mas"), palavra que os portugueses falariam constantemente. Por fim, Carlos Sarthou, no livro citado acima, diz que "pero" talvez fosse "uma deturpação da palavra feroz".

10 – De acordo com o *Regimento da Nau Bretoa*, "a moça" que o capitão Cristóvão Pires levou para ser es-

crava de Francisco Gomes se chamava Bu-y-syde, nome que alguns autores já traduziram por "Brígida". Nada se sabe sobre o destino dela, nem dos demais escravos levados pela *Bretoa*.

11 – Segundo escreveu o brasilianista americano Warren Dean, no livro *A Ferro e Fogo*, os escravos "eram vistos como curiosidades, exotismo, e serviam para exibição ou venda a nobres, como macacos ou papagaios, embora fossem apreciados também como objetos sexuais". No livro *O Índio Brasileiro e a Revolução Francesa*, analisando especificamente o episódio da nau *Bretoa*, Afonso Arinos de Mello Franco afirmou: "Os serviços que poderiam prestar as jovens tamoias, tanto na travessia, como na terra, pareciam, decerto, aos navegantes, dados aos amores ancilares, mais proveitosos do que quaisquer outros."

12 – As melhores análises sobre a origem e os múltiplos significados da palavra Brasil foram feitas por A. L. Pereira Ferraz no livro citado nas notas 2 e 8, e por Gustavo Barroso em *O Brasil na Lenda e na Cartografia Antigas* (Cia. Editora Nacional, SP, 1938). A melhor fonte sobre a mitológica viagem de São Brandão é *The European Discovery of America - The Northern Voyages*, de Samuel E. Morison.

PARTE IV

1 – "comer carne humana": citação de *Viagem à Terra do Brasil*, de Jean de Léry (veja Bibliografia).

2 – Na verdade, não se pode afirmar com certeza qual a festa que Binot Paulmier presenciou em Lisboa: se aquela feita para saudar o retorno de Vasco da Gama a Portugal em agosto de 1499 ou se a celebração pela

volta de Cabral da Índia, em julho de 1501. Paulmier parece ter vivido em Lisboa de 1498 a fins de 1501 e, portanto, poderia ter assistido às duas celebrações, cuja grandiosidade paralisou Lisboa.

3 – "semelhante ao Orne": citação do relato original de Binot Paulmier de Gonneville (veja Bibliografia).

4 – O protesto que Binot de Gonneville fez na justiça contra os piratas foi descoberto em 1867 pelo historiador francês Pierre Margry. Margry foi o primeiro a sugerir que a "Terra de Gonneville" – que outros historiadores tinham, até então, identificado com as mais variadas partes do globo – era o Brasil. Atualmente, o assunto é tema pacífico.

5 – O livro do abade Jean Paulmier se chamava *Mémoires touchant l'établissement d'une mission.* A introdução, dedicada ao papa Alexandre VII, tinha 18 páginas.

6 – "um milhão de cruzados": informação de Fernando Palha, no livro *A Carta de Marca de João Ango* (Lisboa, 1883).

7 – "partilha do mundo": a declaração de Francisco I sobre o Tratado de Tordesilhas foi citada pelo cardeal de Toledo em carta escrita em 27 de janeiro de 1541 e enviada ao imperador Carlos V. O original está no Arquivo de Simancas, em Sevilha, na Espanha.

8 – "tiros de espingarda": o depoimento dos sobreviventes franceses aparece na carta que Francisco I escreveu em 6 de setembro de 1528 e enviou a seu embaixador em Portugal, Glyas Hellie. Uma cópia dessa carta está arquivada na Torre do Tombo. O documento foi reproduzido na íntegra no volume III na *História da Colonização Portuguesa do Brasil.*

9 – "agrícola e feitorial": citação de Antônio Baião e C. Malheiro Dias em "A Expedição de Cristóvão Jaques", em *História da Colonização Portuguesa do Brasil*.

PARTE V

1 a 3 – citações da "Nova Gazeta da Terra do Brasil", documento publicado na íntegra no vol. II da *História da Colonização Portuguesa do Brasil*.

4 – "que se fizera botocudo": citação de Francisco Adolfo de Varnhagen em *História Geral do Brasil*. De acordo com o historiador, Pero Gallego seria o mesmo homem citado por Gabriel Soares em seu *Tratado Descritivo do Brasil*, escrito em 1570. Nesse livro, Soares diz: "Em 1504, neste rio Grande (do Norte) achou Diogo Paes de Pernambuco, língua do gentio, um castelhano entre os Potiguar, com os beiços furados como eles, entre os quais andava havia muito tempo."

5 – "suplícios e tormentos": citações da carta que Estevão Fróis escreveu para o rei D. Manuel, da ilha de Santo Domingo, em 30 de julho de 1514. O documento foi arquivado por Damião de Góis no chamado "Corpo Cronológico" da Torre do Tombo, onde Varnhagen o encontrou em 1851.

6 – "pena de morte": a carta de D. Manuel a D. Fernando, escrita em 20 de setembro de 1514, foi descoberta e publicada pelo historiador chileno José Toríbio Medina no livro *Juan Diaz de Solis* (2 vol., Santiago, 1908).

7 – "os cercaram e os mataram": citação de Antonio de Herrera em *Historia General de los Hechos de los Castellanos em las Islas y Tierra Firme del Mar Oceano*, cuja primeira edição completa só foi publicada em

Madri em 1726. O trecho citado foi publicado na II Década, livro I.

8 – "povoar o Brasil": o alvará do rei D. Manuel foi citado por Varnhagen na pág. 95 do vol. I de sua *História Geral do Brasil*. Ele não indicou onde estava o original e tal alvará não foi encontrado por outros historiadores.

9 – "mantimentos da terra": citação da carta que João Melo da Câmara escreveu para o rei D. João III em 1529 (sem data ou indicação da procedência). Essa carta foi descoberta por Sousa Viterbo no Arquivo Nacional de Cartas dos Governadores nos lugares d'África e de outras pessoas para el Rei e publicada por ele em *Trabalhos Náuticos dos Portugueses nos séculos XVI e XVII* (Lisboa, 1898). Está reproduzida na íntegra no vol. III da *História da Colonização Portuguesa do Brasil*.

10 – "passagem grátis para a civilização": citação de Rolando Laguarda Trías no artigo "Cristóvão Jaques e as Armadas Guarda-costas", capítulo 5 do Vol. I da *História Naval Brasileira*.

11 – "quentura do sol": citação de Pero Magalhães Gandavo em *Tratado da Terra do Brasil*, livro escrito por volta de 1576.

12 – "era português": citação de Samuel E. Morison em *The European Discovery of America - The Southern Voyages*.

13 – "de volta ao mar": citação de *Primeira Viagem ao Redor do Mundo*, diário escrito por Francisco Pigafetta (L&PM, Porto Alegre, 1985).

14 a 16 – citações de *Islario General de Todas las Islas del Mundo*, de Alonso de Santa Cruz. Santa Cruz foi o cos-

mógrafo da expedição de Sebastião Caboto e se tornou o principal cronista da viagem.

17 – "rico em prata, ouro e cobre" – citação da carta que o embaixador castelhano Juan de Zuñiga escreveu, de Lisboa, em 24 de junho de 1524, e enviou para o imperador Carlos V. O original se encontra no Arquivo de Simancas, em Sevilha.

PARTE VI

1 – "por causa de suas malfeitorias": citação de Rolando Laguarda Trias no artigo "Cristóvão Jaques e as Armadas Guarda-costas", capítulo 5 do Vol. I da *História Naval Brasileira*. Trias acrescenta: "(daí) se conclui que o termo 'perdidos' não significa, nesse caso, náufragos, mas sim perdulários e delinquentes, por oposição aos 'inocentes' do Rio de Janeiro".

2 – A vida cotidiana dos náufragos pode ser razoavelmente reconstituída a partir das cartas de Luiz Ramirez e D. Rodrigo de Acuña, que serão citadas a seguir. Os historiadores Jaime Cortesão e Sérgio Buarque de Holanda também fornecem indícios para esta reconstituição, respectivamente nos livros *A Fundação de São Paulo – Capital Geográfica do Brasil* e *Visão do Paraíso*.

3 – A principal fonte para a reconstituição da jornada de Aleixo Garcia continua sendo o livro *La Argentina*, escrito por Rui Diaz de Guzmán. As outras fontes são: *Historia de Santa Cruz de la Sierra*, de Enrique Gandia, 1935, *El Alma de la Raza*, de Manuel Domingues (Assunção, 1908) e *The Guarani Invasion of Inca Empire*, de E. Nordenskjold, publicado pelo The Geographical Review, vol. IV (Nova York, 1917).

4 – "aquela erva e do mesmo modo": citação de *Conquista Espiritual Feita pelos Religiosos da Companhia de Jesus nas Províncias do Paraguai, Paranea, Uruguai e Tape*, do padre Antônio Ruiz de Montoya (Martins Livreiro, Porto Alegre, 1985).

5 – Huayna Capac era filho de um dos maiores imperadores incas de todos os tempos, Tupac Inca Yupanqui. Com a morte do pai, ele assumiu o trono no final do século XV. Honrando a herança do pai, se tornou um dos maiores soberanos incas, ampliando o império e a extraordinária rede viária que unia todo seu território. Huayna Capac teve muitos filhos. Por direito, o herdeiro do trono seria Huascar, mas Manco Capac e Atahualpa, filhos de Huayna Capac com concubinas reais, também entraram na linha sucessória. Após a morte de Huayna Capac, ocorrida provavelmente nos últimos dias de 1525, houve uma guerra civil entre os três filhos do Inca. Atahualpa acabou assumindo o trono em 1532, quando os conquistadores espanhóis, liderados por Francisco Pizarro, já se aproximavam de Cuzco.

6 e 7 – citações da carta de Luís Ramirez, tripulante da nau de Caboto, escrita em 10 de julho de 1528 e publicada pela *Revista do Instituto Histórico e Geográfico Brasileiro*, vol. 10.

8 a 12 – citações extraídas de duas cartas de D. Rodrigo de Acuña, dirigidas, respectivamente, ao bispo de Osma, a 15 de junho de 1527, e a D. João III, a 20 de abril de 1528, as duas da feitoria de Pernambuco, publicadas, ambas, no vol. III de *História da Colonização Portuguesa do Brasil*.

13 – "desterrado": embora o termo também possa ser usado para definir os homens condenados ao degredo,

a palavra "desterrado", no contexto do século XVI, se aplicava mais aos marinheiros forçados por seus superiores a desembarcar do navio e permanecer em terra, sem poderem seguir viagem.

14 – "cuidar do documento": citação de J. F. de Almeida Prado em *Primeiros Povoadores do Brasil*.

15 – A carta do embaixador Lope Hurtado de Mendoza a Carlos V foi publicada por R. Gayangos em *Calendar of Spanish States Paper* e citada por Jaime Cortesão em *A Fundação de São Paulo - Capital Geográfica do Brasil*.

PARTE VII

1 – "aos ouvidos do rei": citação de *A Fundação de São Paulo - Capital Geográfica do Brasil*, de Jaime Cortesão (veja Bibliografia).

2 a 4 – A carta da imperatriz D. Isabel ao embaixador Lope Hurtado de Mendoza foi descoberta e publicada pelo historiador chileno Jose Toríbio Medina em seu livro *El Veneciano Sebastión Caboto al servicio de España* (Santiago do Chile, 1908).

5 – O documento nomeando Henrique Montes "cavaleiro real" e "provedor da armada" foi publicado por Jordão de Freitas, no artigo "A Expedição de Martim Afonso de Sousa", em *História da Colonização Portuguesa do Brasil*.

6 – "de acordo com a lei natural": expressão citada inúmeras vezes nas cartas escritas pelos primeiros jesuítas a chegar no Brasil.

7 – "frutificamento da terra": a carta de João Melo da Câmara foi descoberta e publicada pelo historiador português Sousa Viterbo em 1868, em *Trabalhos Náuticos dos Portugueses* e reproduzida por Antônio Baião e Carlos Malheiros Dias no artigo "A Expedição de Cristóvão

Jaques", em *História da Colonização Portuguesa do Brasil*, conforme já dito na nota 9 da parte V.

8 – A tese de que a expedição de Martim Afonso de Sousa não pretendia colonizar o Brasil mas explorar e conquistar do rio da Prata é do historiador paulista Mário Neme e foi brilhantemente defendida por ele em *Notas de Revisão da História de São Paulo* (veja Bibliografia).

9 – "vontade própria e sem salário": citação de Mário Neme, em *Notas de Revisão da História de São Paulo.*

10 – Gaspar da Madre de Deus (1714-1800) era frei beneditino e publicou sua *Memória para a História da Capitania de São Vicente* em 1797.

11 e 12 – citação do *Diário da Navegação de Pero Lopes de Sousa.*

13 – *História do Brasil*, de frei Vicente do Salvador (1564-1636?).

14 – citação de Capistrano de Abreu, em *O Descobrimento do Brasil.*

15 – citação de *Visão do Paraíso*, de Sérgio Buarque de Holanda.

16 – citação da *Rev. Inst. Geogr. Bras.*, vol. XXIV, pág. 66.

17 e 18 – citações do *Diário da Navegação de Pero Lopes de Sousa.*

19 – citação de Mário Neme, em *Notas de Revisão da História de São Paulo,* repetindo uma frase do padre José de Anchieta.

20 – citação do padre José de Anchieta, que aparece em *Cartas, Informações, Fragmentos Históricos e Sermões* (da Academia Brasileira, Rio de Janeiro, 1935).

21 – citação de Urich Schmedel em *Viajes al Rio de la Plata y Paraguay* (Emece, Buenos Aires, 1942).

22 – "fio branco na cabeça nem no rosto": carta de Tomé de Sousa ao rei D. João III, citada por Jaime Cortesão em *A Fundação de São Paulo*.

23 – informações de Jordão de Freitas, no artigo "A Expedição de Martim Afonso de Sousa", em *História da Colonização Portuguesa do Brasil*.

24 e 25 – citações de *Visão do Paraíso*, de Sérgio Buarque de Holanda.

26 – citação de Caio Prado Júnior, em *Evolução Política do Brasil e Outros Estudos* (SP, 1953).

27 – citação de *Memórias de Martim Afonso de Sousa* (veja Bibliografia).

28 – "para eles os reservou Deus": citação de *Diálogos das Grandezas do Brasil*, obra atribuída a Ambrósio Fernandes Brandão.

29 – citado por Sérgio Buarque de Holanda em *Visão do Paraíso*.

30 – "para além do Brasil": trecho da peça *Farsa dos Almocreves*, escrita por Gil Vicente em 1526 e citada por Sérgio Buarque de Holanda em *Visão do Paraíso*.

31 – "um outro Peru": citação de Sérgio Buarque de Holanda em *Visão do Paraíso*.

BIBLIOGRAFIA COMENTADA

Embora de fato sejam as décadas menos documentadas e mais desconhecidas da história do Brasil, existem centenas de livros e inúmeras fontes primárias relativas ao período que se estende de 1500 a 1531. Cerca de 200 títulos e 80 documentos foram consultados para a elaboração de *Náufragos, Traficantes e Degredados*. A fonte mais utilizada ao longo de todo o livro foram os três volumes da monumental *História da Colonização Portuguesa do Brasil*, editada por Carlos Malheiro Dias (Litografia Nacional, Porto, 1926). As demais fontes serão citadas por capítulos.

As principais fontes para a redação do capítulo "Os Espanhóis Descobrem o Brasil" foram o extraordinário artigo de Max Justo Guedes "As Primeiras Expedições de Reconhecimento da Costa Brasileira", capítulo 4 do vol. I da *História Naval Brasileira*, editada pelo próprio Justo Guedes (Ministério da Marinha, Rio de Janeiro, 1975) e o artigo "Os Falsos Precursores de Cabral"; do prof. Duarte Leite, publicado no vol. I da citada *História da Colonização Portuguesa do Brasil*. O livro de Pietro

Martir de Anghiera foi consultado apenas a partir das amplas citações feitas no artigo do prof. Duarte Leite. A principal fonte para a viagem de Alonso de Hojeda foi o saboroso *The European Discovery of America – The Southern Voyages*, de Samuel Eliot Morison (Oxford University Press, NY, 1974). Do mesmo autor, foi consultada a melhor biografia de Cristóvão Colombo, *Admiral of the Ocean Sea* (Oxford Univ. Press, 1976). Outra boa biografia de Colombo, menos exata mas bem escrita é *Vida del Almirante D. Cristobal Colón*, de Washington Irving (Ediciones Istmo, Madri, 1992). Sobre Vasco da Gama, a principal fonte foi o diário de Álvaro Velho, *A Descoberta da Índia* (Objetiva, Rio, 1998). A bibliografia sobre o descobrimento do Brasil pode ser consultada em *A Viagem do Descobrimento*, de Eduardo Bueno, primeiro volume desta série (L&PM, Porto Alegre, 2023).

Existem inúmeros títulos sobre Américo Vespúcio e suas viagens ao Novo Mundo. As principais fontes utilizadas no capítulo "Vespúcio e O Batismo da América" foram: *Amerigo Vespucci e suas Viagens*, de Thomaz Oscar Marcondes de Souza (Universidade de São Paulo, 1949), que reproduz a íntegra de todas as cartas do florentino, *O Brasil de Américo Vespúcio*, de Riccardo Fontana (Editora Unb, Brasília, 1994), e *A Navegação de 1501 ao Brasil e Américo Vespúcio*, de Moacyr Soares Pereira (Asa, Rio de Janeiro, 1984). A melhor biografia de Vespúcio continua sendo *Amerigo Vespucci*, obra em dois volumes, fartamente ilustrados, de Alberto Magnaghi (Roma, 1924). Sobre a questão do batismo da América, a fonte mais bem documentada é *America la bien llamada*, de Roberto Levillier (Prensa Nacional, Buenos Aires, 1948). *Southern Voyages*, de Morison, traz ampla bibliografia sobre Vespúcio.

Sobre o pau-brasil, tema do capítulo "A Terra do Brasil", os melhores livros são: *O Pau-brasil na História Nacional*, de Bernardino José de Sousa, volume 162 da coleção Brasiliana (Cia. Edit. Nacional, SP, 1978) e *Terra da Ibirapitanga*, de A. L. Pereira Ferraz (Imprensa Nacional, Rio de Janeiro, 1939). A essas fontes básicas é preciso somar o artigo "O Comércio do Pau-brasil", de Antônio Baião, publicado no vol. II da *História da Colonização Portuguesa do Brasil*, e o capítulo "A Segunda Leva de Invasores Humanos", do livro *A Ferro e Fogo - A História e a Devastação da Mata Atlântica Brasileira*, de Warren Dean (Cia. das Letras, SP, 1997). Também foi consultado aquele que, embora se atenha a aspectos econômicos, talvez seja o melhor livro já escrito sobre o período que vai de 1500 a 1531, *Do Escambo* à *Escravidão*, do brasilianista Alexander Marchand (Cia. Edit. Nacional, SP, 1980). Outra fonte foi o capítulo "Aproveitamento Econômico das Terras de Santa Cruz", do livro *História Econômica do Brasil*, de Roberto Simonsen (Cia. Edit.

Nacional, SP, 1978). Sobre a questão do nome do Brasil, ver nota 12 da parte III.

As principais fontes para a redação do capítulo "La Terre du Brésil" foram o livro clássico de Jean de Lery *Viagem à Terra do Brasil*, na tradução de Sérgio Milliet (Biblioteca do Exército Editora, Rio de Janeiro, 1961) e o controverso *D. João III e os Franceses*, de J. Gomes de Carvalho (Lisboa, 1919), com muitos equívocos mas com transcrição de inúmeras fontes documentais. A melhor análise da viagem de Gonneville foi feita por Leyla Perrone-Moisés em *Vinte Luas* (Cia. das Letras, 1992). Também foi consultada a edição do texto original de Gonneville que a mesma autora preparou para a editora francesa Chandeigne (Paris, 1995). Sobre os primórdios da navegação na Normandia e Bretanha, a principal fonte foi o livro de Samuel E. Morison, já citado, utilizado também para reconstituir as viagens dos irmãos Verrazzano ao Brasil, tema virtualmente ignorado pela historiografia nacional. A melhor biografia de Jean Ango é *Ango et ses pilotes*, de Eugène Guérin (Gallimard, Paris, 1900). Outras fontes sobre o papel de Ango e sua relação com o Brasil são *São Vicente e as Capitanias do Sul do Brasil*, de J.F. de Almeida Prado (col. Brasiliana, vol. 314, Cia. Edit. Nacional), que tem cinco capítulos dedicados ao tema, e o encantador *O Índio Brasileiro e a Revolução Francesa*, de Afonso Arinos de Mello Franco (José Olympio, Rio de Janeiro, 1937), também utilizado para a redação de vários outros trechos desse capítulo. Para os conflitos diplomáticos entre Portugal e França durante os reinados de D. João III e Francisco I, as duas melhores fontes são "A Expedição de Cristóvão Jaques"; artigo de Antônio Baião e Carlos Malheira Dias publicado no vol. III da *História da Colonização Portuguesa do Brasil*, e o artigo "Cristóvão Jaques e as Armadas Guarda-costas", de Rolando Laguarda Trias, do vol. I da *História Naval Brasileira*. Por fim, foi consultado também *The Struggle for Brazil: Portugal and the "French Interlopers"*, de Regina Johnson Tomlinson (Macmillan, NY, 1970).

Para a elaboração do capítulo "O Rio das Grandes Riquezas", as fontes primordiais foram o artigo "O Descobrimento do Rio da Prata", de F. M. Esteves Pereira, publicado no vol. II da *História da Colonização Portuguesa do Brasil*, e o capítulo "Cristóvão Jaques e as Armadas Guarda-costas", de Rolando Laguarda Trias, do vol. I da *História Naval Brasileira*. Sobre a viagem de Fernão de Magalhães, a principal fonte foi *The European Discovery of America - The Southern Voyages*, de Samuel Eliot Morison. O diário de Francisco de Pigafetta foi publicado no Brasil pela editora L&PM (Porto Alegre, 1985) com o título de *Primeira Viagem ao Redor do Mundo*.

O capítulo "A Fabulosa Jornada à Serra da Prata" não poderia ter sido escrito sem a consulta aos livros *A Fundação de São Paulo - Capital Geográfica do Brasil*, do historiador português Jaime Cortesão (Livros de Portugal, Rio de Janeiro, 1955), *Visão do Paraíso*, de Sérgio Buarque de Holanda (col. Brasiliana, vol. 333, Cia. Edit. Nacional, 1969) e *Primeiros Povoadores do Brasil*, de J. F. de Almeida Prado (col. Brasiliana, vol. 37, Cia. Edit. Nacional, 1966). Sobre o Peabiru e a jornada de Aleixo Garcia, as principais fontes estão citadas na nota 3 da parte VI. Para as viagens de Sebastião Caboto e Diego Garcia, as fontes essenciais foram *The Southern Voyages*, de Samuel E. Morison e o artigo "A Expedição de Sebastião Caboto", de Rolando Laguarda Trias, no vol. I da *História Naval Brasileira* e *El Veneciano Sebastion Caboto*, de Toríbio Medina (Chile, 1897). Sobre o Bacharel de Cananeia, as melhores fontes são *História de Iguape*, de Ernest Young (s.e., SP, 1954), *Capitanias Paulistas*, de Benedito Calixto (Duprat, SP, 1927), e as notas de pé de página feitas pelo Instituto Histórico e Geográfico Brasileiro para a *História do Brasil*, de Heinrich Handelmann (Rio, 1931).

O capítulo "A Expedição de Martim Afonso" foi redigido com base no *Diário da Navegação de Pero Lopes de Sousa* (cuja melhor edição foi feita pelo comandante Eugênio de Castro em 1940) e com o apoio dos artigos de Justo Guedes em *História Naval Brasileira* e de Jordão de Freitas em *História da Colonização Portuguesa do Brasil*. Outra fonte fundamental foi *Notas de Revisão para a História de*

São Paulo, de Mário Neme (Anhembi, SP, 1959). Sobre Caramuru, a principal fonte consultada foi *Primeiros Povoadores do Brasil*, de J. F. de Almeida Prado, além do confuso artigo de F. A. Varnhagen, "O Caramuru Perante a História Nacional" (*Revista do Inst. Hist. e Geog. Bras.* tomo X, 1866). O relato definitivo da jornada de Pero Lobo foi feito por Sérgio Buarque de Holanda em *Visão do Paraíso*. A análise mais completa sobre João Ramalho é a de Afonso Taunay em *João Ramalho e Santo André da Borda do Campo* (Comissão do IV Centenário de SP, SP, 1953). *O Dicionário de Bandeirantes e Sertanistas do Brasil*, de Francisco Carvalho Franco (SP, 1954), foi consultado nos verbetes sobre Aleixo Garcia, Bacharel da Cananeia e João Ramalho. As *Memórias de Martim Afonso de Sousa*, que têm apenas dez páginas, foram publicadas pela editora Obelisco (SP, 1964).

Algumas fontes gerais, de grande valia, também foram consultadas. *O Descobrimento do Brasil*, de Capistrano de Abreu (MEC/Civilização Brasileira, Rio de Janeiro, 1976 – reedição da obra originalmente publicada em 1900), é sempre uma leitura apaixonante e foi fundamental para a redação de "Interlúdio em Bezeguiche", incluído na parte II. A vetusta e por vezes árdua *História Geral do Brasil*, de Francisco Adolfo de Varnhagen (Melhoramentos, SP, 1978 – reedição da obra publicada originalmente em 1854), continua sendo a fonte mais documentada para o estudo do período colonial. Muitos dos documentos originais citados nesse livro foram descobertos por Varnhagen nos arquivos portugueses. *A História do Brasil*, de frei Vicente do Salvador (Itatiaia, BH, 1972 – reedição da obra originalmente publicada em 1627), também é livro saborosíssimo e uma das melhores fontes para a reconstituição da vida de Caramuru, cuja mulher, Paraguaçu, frei Vicente conheceu pessoalmente. Outra antiga e esplêndida história geral do Brasil foi escrita pelo inglês Robert Southey em 1810. O livro foi reeditado em 1973 (Itatiaia, BH). Trata-se de uma das únicas fontes que vincula a história das expedições ao Brasil com as descobertas e explorações feitas pelos espanhóis em outras partes da América Latina.

Fontes mais modernas e igualmente importantes são *História Geral da Civilização Brasileira* (Difel, SP, 1960), obra monumental editada sob a coordenação de Sérgio Buarque de Holanda; *O Império Luso-Brasileiro*, coordenação de Harold Johnson e Maria Beatriz Nizza da Silva, volume VI da *Nova História da Expansão Portuguesa* (Estampa, Lisboa, 1992); *Colonial Brazil*, editado por Leslie Bethell (parte da *Cambridge History of Latin America*, Cambridge University Press, NY, 1987) e a bela e eficiente síntese do período colonial feita por Arno Wehling e Maria José Wehling em *Formação do Brasil Colonial* (Nova Fronteira, Rio de

Janeiro, 1994). Também foram consultadas as obras de referência *Dicionário da História da Colonização Portuguesa do Brasil*, coordenado por M. B. Nizza da Silva (Verbo, Lisboa, 1994), e *Dicionário de História do Brasil*, Moacyr Flores (PUC/RS, 1996).

Por fim, para a redação da nota relativa aos valores das moedas portuguesas e de outros países durante o século XVI, as principais fontes consultadas foram a obra clássica de Frédéric Mauro, *Portugal, o Brasil e o Atlântico* (Estampa, Lisboa 1989), e *História Econômica do Brasil*, de Roberto Simonsen, já citada, além de *Terra da Ibirapitanga*, de A. L. Pereira Ferraz, também já citada.

Coleção L&PM POCKET

600. **Crime e castigo** – Dostoiévski
601. **Mistério no Caribe** – Agatha Christie
602. **Odisseia (2): Regresso** – Homero
603. **Piadas para sempre (2)** – Visconde da Casa Verde
604. **À sombra do vulcão** – Malcolm Lowry
605(8). **Kerouac** – Yves Buin
606. **E agora são cinzas** – Angeli
607. **As mil e uma noites** – Paulo Caruso
608. **Um assassino entre nós** – Ruth Rendell
609. **Crack-up** – F. Scott Fitzgerald
610. **Do amor** – Stendhal
611. **Cartas do Yage** – William Burroughs e Allen Ginsberg
612. **Striptiras (2)** – Laerte
613. **Henry & June** – Anaïs Nin
614. **A piscina mortal** – Ross Macdonald
615. **Geraldão (2)** – Glauco
616. **Tempo de delicadeza** – A. R. de Sant'Anna
617. **Tiros na noite 2: Medo de tiro** – Dashiell Hammett
618. **Snoopy em Assim é a vida, Charlie Brown! (3)** – Schulz
619. **1954 – Um tiro no coração** – Hélio Silva
620. **Sobre a inspiração poética (Íon) e ...** – Platão
621. **Garfield e seus amigos (8)** – Jim Davis
622. **Odisseia (3): Ítaca** – Homero
623. **A louca matança** – Chester Himes
624. **Factótum** – Bukowski
625. **Guerra e Paz: volume 1** – Tolstói
626. **Guerra e Paz: volume 2** – Tolstói
627. **Guerra e Paz: volume 3** – Tolstói
628. **Guerra e Paz: volume 4** – Tolstói
629(9). **Shakespeare** – Claude Mourthé
630. **Bem está o que bem acaba** – Shakespeare
631. **O contrato social** – Rousseau
632. **Geração Beat** – Jack Kerouac
633. **Snoopy: É Natal! (4)** – Charles Schulz
634. **Testemunha da acusação** – Agatha Christie
635. **Um elefante no caos** – Millôr Fernandes
636. **Guia de leitura (100 autores que você precisa ler)** – Organização de Léa Masina
637. **Pistoleiros também mandam flores** – David Coimbra
638. **O prazer das palavras** – vol. 1 – Cláudio Moreno
639. **O prazer das palavras** – vol. 2 – Cláudio Moreno
640. **Novíssimo testamento: com Deus e o diabo, a dupla da criação** – Iotti
641. **Literatura Brasileira: modos de usar** – Luís Augusto Fischer
642. **Dicionário de Porto-Alegrês** – Luís A. Fischer
643. **Clô Dias & Noites** – Sérgio Jockymann
644. **Memorial de Isla Negra** – Pablo Neruda
645. **Um homem extraordinário e outras histórias** – Tchékhov
646. **Ana sem terra** – Alcy Cheuiche
647. **Adultérios** – Woody Allen
651. **Snoopy: Posso fazer uma pergunta, professora? (5)** – Charles Schulz
652(10). **Luís XVI** – Bernard Vincent
653. **O mercador de Veneza** – Shakespeare
654. **Cancioneiro** – Fernando Pessoa
655. **Non-Stop** – Martha Medeiros
656. **Carpinteiros, levantem bem alto a cumeeira & Seymour, uma apresentação** – J.D.Salinger
657. **Ensaios céticos** – Bertrand Russell
658. **O melhor de Hagar 5** – Dik e Chris Browne
659. **Primeiro amor** – Ivan Turguêniev
660. **A trégua** – Mario Benedetti
661. **Um parque de diversões da cabeça** – Lawrence Ferlinghetti
662. **Aprendendo a viver** – Sêneca
663. **Garfield, um gato em apuros (9)** – Jim Davis
664. **Dilbert (1)** – Scott Adams
666. **A imaginação** – Jean-Paul Sartre
667. **O ladrão e os cães** – Naguib Mahfuz
669. **A volta do parafuso** *seguido de* **Daisy Miller** – Henry James
670. **Notas do subsolo** – Dostoiévski
671. **Abobrinhas da Brasilônia** – Glauco
672. **Geraldão (3)** – Glauco
673. **Piadas para sempre (3)** – Visconde da Casa Verde
674. **Duas viagens ao Brasil** – Hans Staden
676. **A arte da guerra** – Maquiavel
677. **Além do bem e do mal** – Nietzsche
678. **O coronel Chabert** *seguido de* **A mulher abandonada** – Balzac
679. **O sorriso de marfim** – Ross Macdonald
680. **100 receitas de pescados** – Sílvio Lancellotti
681. **O juiz e seu carrasco** – Friedrich Dürrenmatt
682. **Noites brancas** – Dostoiévski
683. **Quadras ao gosto popular** – Fernando Pessoa
685. **Kaos** – Millôr Fernandes
686. **A pele de onagro** – Balzac
687. **As ligações perigosas** – Choderlos de Laclos
689. **Os Lusíadas** – Luís Vaz de Camões
690(11). **Átila** – Éric Deschodt
691. **Um jeito tranquilo de matar** – Chester Himes
692. **A felicidade conjugal** *seguido de* **O diabo** – Tolstói
693. **Viagem de um naturalista ao redor do mundo** – vol. 1 – Charles Darwin
694. **Viagem de um naturalista ao redor do mundo** – vol. 2 – Charles Darwin
695. **Memórias da casa dos mortos** – Dostoiévski
696. **A Celestina** – Fernando de Rojas
697. **Snoopy: Como você é azarado, Charlie Brown! (6)** – Charles Schulz
698. **Dez (quase) amores** – Claudia Tajes
699. **Poirot sempre espera** – Agatha Christie
701. **Apologia de Sócrates** *precedido de* **Êutifron e** *seguido de* **Críton** – Platão
702. **Wood & Stock** – Angeli
703. **Striptiras (3)** – Laerte
704. **Discurso sobre a origem e os fundamentos da desigualdade entre os homens** – Rousseau
705. **Os duelistas** – Joseph Conrad
706. **Dilbert (2)** – Scott Adams

707. **Viver e escrever** (vol. 1) – Edla van Steen
708. **Viver e escrever** (vol. 2) – Edla van Steen
709. **Viver e escrever** (vol. 3) – Edla van Steen
710. **A teia da aranha** – Agatha Christie
711. **O banquete** – Platão
712. **Os belos e malditos** – F. Scott Fitzgerald
713. **Libelo contra a arte moderna** – Salvador Dalí
714. **Akropolis** – Valerio Massimo Manfredi
715. **Devoradores de mortos** – Michael Crichton
716. **Sob o sol da Toscana** – Frances Mayes
717. **Batom na cueca** – Nani
718. **Vida dura** – Claudia Tajes
719. **Carne trêmula** – Ruth Rendell
720. **Cris, a fera** – David Coimbra
721. **O anticristo** – Nietzsche
722. **Como um romance** – Daniel Pennac
723. **Emboscada no Forte Bragg** – Tom Wolfe
724. **Assédio sexual** – Michael Crichton
725. **O espírito do Zen** – Alan W.Watts
726. **Um bonde chamado desejo** – Tennessee Williams
727. **Como gostais** *seguido de* **Conto de inverno** – Shakespeare
728. **Tratado sobre a tolerância** – Voltaire
729. **Snoopy: Doces ou travessuras?** (7) – Charles Schulz
730. **Cardápios do Anonymus Gourmet** – J.A. Pinheiro Machado
731. **100 receitas com lata** – J.A. Pinheiro Machado
732. **Conhece o Mário?** vol.2 – Santiago
733. **Dilbert** (3) – Scott Adams
734. **História de um louco amor** *seguido de* **Passado amor** – Horacio Quiroga
735(11).**Sexo: muito prazer** – Laura Meyer da Silva
736(12).**Para entender o adolescente** – Dr. Ronald Pagnoncelli
737(13).**Desembarcando a tristeza** – Dr. Fernando Lucchese
738. **Poirot e o mistério da arca espanhola & outras histórias** – Agatha Christie
739. **A última legião** – Valerio Massimo Manfredi
741. **Sol nascente** – Michael Crichton
742. **Duzentos ladrões** – Dalton Trevisan
743. **Os devaneios do caminhante solitário** – Rousseau
744. **Garfield, o rei da preguiça** (10) – Jim Davis
745. **Os magnatas** – Charles R. Morris
746. **Pulp** – Charles Bukowski
747. **Enquanto agonizo** – William Faulkner
748. **Aline: viciada em sexo** (3) – Adão Iturrusgarai
749. **A dama do cachorrinho** – Anton Tchékhov
750. **Tito Andrônico** – Shakespeare
751. **Antologia poética** – Anna Akhmátova
752. **O melhor de Hagar 6** – Dik e Chris Browne
753(12).**Michelangelo** – Nadine Sautel
754. **Dilbert** (4) – Scott Adams
755. **O jardim das cerejeiras** *seguido de* **Tio Vânia** – Tchékhov
756. **Geração Beat** – Claudio Willer
757. **Santos Dumont** – Alcy Cheuiche
758. **Budismo** – Claude B. Levenson
759. **Cleópatra** – Christian-Georges Schwentzel
760. **Revolução Francesa** – Frédéric Bluche, Stéphane Rials e Jean Tulard

761. **A crise de 1929** – Bernard Gazier
762. **Sigmund Freud** – Edson Sousa e Paulo Endo
763. **Império Romano** – Patrick Le Roux
764. **Cruzadas** – Cécile Morrisson
765. **O mistério do Trem Azul** – Agatha Christie
768. **Senso comum** – Thomas Paine
769. **O parque dos dinossauros** – Michael Crichton
770. **Trilogia da paixão** – Goethe
773. **Snoopy: No mundo da lua!** (8) – Charles Schulz
774. **Os Quatro Grandes** – Agatha Christie
775. **Um brinde de cianureto** – Agatha Christie
776. **Súplicas atendidas** – Truman Capote
779. **A viúva imortal** – Millôr Fernandes
780. **Cabala** – Roland Goetschel
781. **Capitalismo** – Claude Jessua
782. **Mitologia grega** – Pierre Grimal
783. **Economia: 100 palavras-chave** – Jean-Paul Betbèze
784. **Marxismo** – Henri Lefebvre
785. **Punição para a inocência** – Agatha Christie
786. **A extravagância do morto** – Agatha Christie
787(13).**Cézanne** – Bernard Fauconnier
788. **A identidade Bourne** – Robert Ludlum
789. **Da tranquilidade da alma** – Sêneca
790. **Um artista da fome** *seguido de* **Na colônia penal e outras histórias** – Kafka
791. **Histórias de fantasmas** – Charles Dickens
796. **O Uraguai** – Basílio da Gama
797. **A mão misteriosa** – Agatha Christie
798. **Testemunha ocular do crime** – Agatha Christie
799. **Crepúsculo dos ídolos** – Friedrich Nietzsche
802. **O grande golpe** – Dashiell Hammett
803. **Humor barra pesada** – Nani
804. **Vinho** – Jean-François Gautier
805. **Egito Antigo** – Sophie Desplancques
806(14).**Baudelaire** – Jean-Baptiste Baronian
807. **Caminho da sabedoria, caminho da paz** – Dalai Lama e Felizitas von Schönborn
808. **Senhor e servo e outras histórias** – Tolstói
809. **Os cadernos de Malte Laurids Brigge** – Rilke
810. **Dilbert** (5) – Scott Adams
811. **Big Sur** – Jack Kerouac
812. **Seguindo a correnteza** – Agatha Christie
813. **O álibi** – Sandra Brown
814. **Montanha-russa** – Martha Medeiros
815. **Coisas da vida** – Martha Medeiros
816. **A cantada infalível** *seguido de* **A mulher do centroavante** – David Coimbra
819. **Snoopy: Pausa para a soneca** (9) – Charles Schulz
820. **De pernas pro ar** – Eduardo Galeano
821. **Tragédias gregas** – Pascal Thiercy
822. **Existencialismo** – Jacques Colette
823. **Nietzsche** – Jean Granier
824. **Amar ou depender?** – Walter Riso
825. **Darmapada: A doutrina budista em versos**
826. **J'Accuse...!** – **a verdade em marcha** – Zola
827. **Os crimes ABC** – Agatha Christie
828. **Um gato entre os pombos** – Agatha Christie
831. **Dicionário de teatro** – Luiz Paulo Vasconcellos
832. **Cartas extraviadas** – Martha Medeiros
833. **A longa viagem de prazer** – J. J. Morosoli
834. **Receitas fáceis** – J. A. Pinheiro Machado

835.(14).**Mais fatos & mitos** – Dr. Fernando Lucchese
836.(15).**Boa viagem!** – Dr. Fernando Lucchese
837.**Aline: Finalmente nua!!!** (4) – Adão Iturrusgarai
838.**Mônica tem uma novidade!** – Mauricio de Sousa
839.**Cebolinha em apuros!** – Mauricio de Sousa
840.**Sócios no crime** – Agatha Christie
841.**Bocas do tempo** – Eduardo Galeano
842.**Orgulho e preconceito** – Jane Austen
843.**Impressionismo** – Dominique Lobstein
844.**Escrita chinesa** – Viviane Alleton
845.**Paris: uma história** – Yvan Combeau
846.(15).**Van Gogh** – David Haziot
848.**Portal do destino** – Agatha Christie
849.**O futuro de uma ilusão** – Freud
850.**O mal-estar na cultura** – Freud
853.**Um crime adormecido** – Agatha Christie
854.**Satori em Paris** – Jack Kerouac
855.**Medo e delírio em Las Vegas** – Hunter Thompson
856.**Um negócio fracassado e outros contos de humor** – Tchékhov
857.**Mônica está de férias!** – Mauricio de Sousa
858.**De quem é esse coelho?** – Mauricio de Sousa
860.**O mistério Sittaford** – Agatha Christie
861.**Manhã transfigurada** – L. A. de Assis Brasil
862.**Alexandre, o Grande** – Pierre Briant
863.**Jesus** – Charles Perrot
864.**Islã** – Paul Balta
865.**Guerra da Secessão** – Farid Ameur
866.**Um rio que vem da Grécia** – Cláudio Moreno
868.**Assassinato na casa do pastor** – Agatha Christie
869.**Manual do líder** – Napoleão Bonaparte
870.(16).**Billie Holiday** – Sylvia Fol
871.**Bidu arrasando!** – Mauricio de Sousa
872.**Os Sousa: Desventuras em família** – Mauricio de Sousa
874.**E no final a morte** – Agatha Christie
875.**Guia prático do Português correto – vol. 4** – Cláudio Moreno
876.**Dilbert** (6) – Scott Adams
877.(17).**Leonardo da Vinci** – Sophie Chauveau
878.**Bella Toscana** – Frances Mayes
879.**A arte da ficção** – David Lodge
880.**Striptiras** (4) – Laerte
881.**Skrotinhos** – Angeli
882.**Depois do funeral** – Agatha Christie
883.**Radicci 7** Iotti
884.**Walden** – H. D. Thoreau
885.**Lincoln** – Allen C. Guelzo
886.**Primeira Guerra Mundial** – Michael Howard
887.**A linha de sombra** – Joseph Conrad
888.**O amor é um cão dos diabos** – Bukowski
890.**Despertar: uma vida de Buda** – Jack Kerouac
891.(18).**Albert Einstein** – Laurent Seksik
892.**Hell's Angels** – Hunter Thompson
893.**Ausência na primavera** – Agatha Christie
894.**Dilbert** (7) – Scott Adams
895.**Ao sul de lugar nenhum** – Bukowski
896.**Maquiavel** – Quentin Skinner
897.**Sócrates** – C.C.W. Taylor
899.**O Natal de Poirot** – Agatha Christie
900.**As veias abertas da América Latina** – Eduardo Galeano
901.**Snoopy: Sempre alerta!** (10) – Charles Schulz
902.**Chico Bento: Plantando confusão** – Mauricio de Sousa
903.**Penadinho: Quem é morto sempre aparece** – Mauricio de Sousa
904.**A vida sexual da mulher feia** – Claudia Tajes
905.**100 segredos de liquidificador** – José Antonio Pinheiro Machado
906.**Sexo muito prazer 2** – Laura Meyer da Silva
907.**Os nascimentos** – Eduardo Galeano
908.**As caras e as máscaras** – Eduardo Galeano
909.**O século do vento** – Eduardo Galeano
910.**Poirot perde uma cliente** – Agatha Christie
911.**Cérebro** – Michael O'Shea
912.**O escaravelho de ouro e outras histórias** – Edgar Allan Poe
913.**Piadas para sempre** (4) – Visconde da Casa Verde
914.**100 receitas de massas light** – Helena Tonetto
915.(19).**Oscar Wilde** – Daniel Salvatore Schiffer
916.**Uma breve história do mundo** – H. G. Wells
917.**A Casa do Penhasco** – Agatha Christie
919.**John M. Keynes** – Bernard Gazier
920.(20).**Virginia Woolf** – Alexandra Lemasson
921.**Peter e Wendy** *seguido de* **Peter Pan em Kensington Gardens** – J. M. Barrie
922.**Aline: numas de colegial** (5) – Adão Iturrusgarai
923.**Uma dose mortal** – Agatha Christie
924.**Os trabalhos de Hércules** – Agatha Christie
926.**Kant** – Roger Scruton
927.**A inocência do Padre Brown** – G.K. Chesterton
928.**Casa Velha** – Machado de Assis
929.**Marcas de nascença** – Nancy Huston
930.**Aulete de bolso**
931.**Hora Zero** – Agatha Christie
932.**Morte na Mesopotâmia** – Agatha Christie
933.**Nem te conto, João** – Dalton Trevisan
935.**As aventuras de Huckleberry Finn** – Mark Twain
936.(21).**Marilyn Monroe** – Anne Plantagenet
937.**China moderna** – Rana Mitter
938.**Dinossauros** – David Norman
939.**Louca por homem** – Claudia Tajes
940.**Amores de alto risco** – Walter Riso
941.**Jogo de damas** – David Coimbra
942.**Filha é filha** – Agatha Christie
943.**M ou N?** – Agatha Christie
945.**Bidu: diversão em dobro!** – Mauricio de Sousa
946.**Fogo** – Anaïs Nin
947.**Rum: diário de um jornalista bêbado** – Hunter Thompson
948.**Persuasão** – Jane Austen
949.**Lágrimas na chuva** – Sergio Faraco
950.**Mulheres** – Bukowski
951.**Um pressentimento funesto** – Agatha Christie
952.**Cartas na mesa** – Agatha Christie
954.**O lobo do mar** – Jack London
955.**Os gatos** – Patricia Highsmith
956.(22).**Jesus** – Christiane Rancé
957.**História da medicina** – William Bynum
958.**O Morro dos Ventos Uivantes** – Emily Brontë
959.**A filosofia na era trágica dos gregos** – Nietzsche
960.**Os treze problemas** – Agatha Christie
961.**A massagista japonesa** – Moacyr Scliar

963. **Humor do miserê** – Nani
964. **Todo o mundo tem dúvida, inclusive você** – Édison de Oliveira
965. **A dama do Bar Nevada** – Sergio Faraco
969. **O psicopata americano** – Bret Easton Ellis
970. **Ensaios de amor** – Alain de Botton
971. **O grande Gatsby** – F. Scott Fitzgerald
972. **Por que não sou cristão** – Bertrand Russell
973. **A Casa Torta** – Agatha Christie
974. **Encontro com a morte** – Agatha Christie
975(23). **Rimbaud** – Jean-Baptiste Baronian
976. **Cartas na rua** – Bukowski
977. **Memória** – Jonathan K. Foster
978. **A abadia de Northanger** – Jane Austen
979. **As pernas de Úrsula** – Claudia Tajes
980. **Retrato inacabado** – Agatha Christie
981. **Solanin (1)** – Inio Asano
982. **Solanin (2)** – Inio Asano
983. **Aventuras de menino** – Mitsuru Adachi
984(16). **Fatos & mitos sobre sua alimentação** – Dr. Fernando Lucchese
985. **Teoria quântica** – John Polkinghorne
986. **O eterno marido** – Fiódor Dostoiévski
987. **Um safado em Dublin** – J. P. Donleavy
988. **Mirinha** – Dalton Trevisan
989. **Akhenaton e Nefertiti** – Carmen Seganfredo e A. S. Franchini
990. **On the Road – o manuscrito original** – Jack Kerouac
991. **Relatividade** – Russell Stannard
992. **Abaixo de zero** – Bret Easton Ellis
993(24). **Andy Warhol** – Mériam Korichi
995. **Os últimos casos de Miss Marple** – Agatha Christie
996. **Nico Demo: Aí vem encrenca** – Mauricio de Sousa
998. **Rousseau** – Robert Wokler
999. **Noite sem fim** – Agatha Christie
1000. **Diários de Andy Warhol (1)** – Editado por Pat Hackett
1001. **Diários de Andy Warhol (2)** – Editado por Pat Hackett
1002. **Cartier-Bresson: o olhar do século** – Pierre Assouline
1003. **As melhores histórias da mitologia: vol. 1** – A.S. Franchini e Carmen Seganfredo
1004. **As melhores histórias da mitologia: vol. 2** – A.S. Franchini e Carmen Seganfredo
1005. **Assassinato no beco** – Agatha Christie
1006. **Convite para um homicídio** – Agatha Christie
1008. **História da vida** – Michael J. Benton
1009. **Jung** – Anthony Stevens
1010. **Arsène Lupin, ladrão de casaca** – Maurice Leblanc
1011. **Dublinenses** – James Joyce
1012. **120 tirinhas da Turma da Mônica** – Mauricio de Sousa
1013. **Antologia poética** – Fernando Pessoa
1014. **A aventura de um cliente ilustre** *seguido de* **O último adeus de Sherlock Holmes** – Sir Arthur Conan Doyle
1015. **Cenas de Nova York** – Jack Kerouac
1016. **A corista** – Anton Tchékhov
1017. **O diabo** – Leon Tolstói
1018. **Fábulas chinesas** – Sérgio Capparelli e Márcia Schmaltz
1019. **O gato do Brasil** – Sir Arthur Conan Doyle
1020. **Missa do Galo** – Machado de Assis
1021. **O mistério de Marie Rogêt** – Edgar Allan Poe
1022. **A mulher mais linda da cidade** – Bukowski
1023. **O retrato** – Nicolai Gogol
1024. **O conflito** – Agatha Christie
1025. **Os primeiros casos de Poirot** – Agatha Christie
1027(25). **Beethoven** – Bernard Fauconnier
1028. **Platão** – Julia Annas
1029. **Cleo e Daniel** – Roberto Freire
1030. **Til** – José de Alencar
1031. **Viagens na minha terra** – Almeida Garrett
1032. **Profissões para mulheres e outros artigos feministas** – Virginia Woolf
1033. **Mrs. Dalloway** – Virginia Woolf
1034. **O cão da morte** – Agatha Christie
1035. **Tragédia em três atos** – Agatha Christie
1037. **O fantasma da Ópera** – Gaston Leroux
1038. **Evolução** – Brian e Deborah Charlesworth
1039. **Medida por medida** – Shakespeare
1040. **Razão e sentimento** – Jane Austen
1041. **A obra-prima ignorada** *seguido de* **Um episódio durante o Terror** – Balzac
1042. **A fugitiva** – Anaïs Nin
1043. **As grandes histórias da mitologia greco-romana** – A. S. Franchini
1044. **O corno de si mesmo & outras historietas** – Marquês de Sade
1045. **Da felicidade** *seguido de* **Da vida retirada** – Sêneca
1046. **O horror em Red Hook e outras histórias** – H. P. Lovecraft
1047. **Noite em claro** – Martha Medeiros
1048. **Poemas clássicos chineses** – Li Bai, Du Fu e Wang Wei
1049. **A terceira moça** – Agatha Christie
1050. **Um destino ignorado** – Agatha Christie
1051(26). **Buda** – Sophie Royer
1052. **Guerra Fria** – Robert J. McMahon
1053. **Simons's Cat: as aventuras de um gato travesso e comilão – vol. 1** – Simon Tofield
1054. **Simons's Cat: as aventuras de um gato travesso e comilão – vol. 2** – Simon Tofield
1055. **Só as mulheres e as baratas sobreviverão** – Claudia Tajes
1057. **Pré-história** – Chris Gosden
1058. **Pintou sujeira!** – Mauricio de Sousa
1059. **Contos de Mamãe Gansa** – Charles Perrault
1060. **A interpretação dos sonhos: vol. 1** – Freud
1061. **A interpretação dos sonhos: vol. 2** – Freud
1062. **Frufru Ratapla Dolores** – Dalton Trevisan
1063. **As melhores histórias da mitologia egípcia** – Carmem Seganfredo e A.S. Franchini
1064. **Infância. Adolescência. Juventude** – Tolstói
1065. **As consolações da filosofia** – Alain de Botton
1066. **Diários de Jack Kerouac – 1947-1954**
1067. **Revolução Francesa – vol. 1** – Max Gallo
1068. **Revolução Francesa – vol. 2** – Max Gallo
1069. **O detetive Parker Pyne** – Agatha Christie
1070. **Memórias do esquecimento** – Flávio Tavares
1071. **Drogas** – Leslie Iversen

1072. **Manual de ecologia (vol.2)** – J. Lutzenberger
1073. **Como andar no labirinto** – Affonso Romano de Sant'Anna
1074. **A orquídea e o serial killer** – Juremir Machado da Silva
1075. **Amor nos tempos de fúria** – Lawrence Ferlinghetti
1076. **A aventura do pudim de Natal** – Agatha Christie
1078. **Amores que matam** – Patricia Faur
1079. **Histórias de pescador** – Mauricio de Sousa
1080. **Pedaços de um caderno manchado de vinho** – Bukowski
1081. **A ferro e fogo: tempo de solidão (vol.1)** – Josué Guimarães
1082. **A ferro e fogo: tempo de guerra (vol.2)** – Josué Guimarães
1084.(17). **Desembarcando o Alzheimer** – Dr. Fernando Lucchese e Dra. Ana Hartmann
1085. **A maldição do espelho** – Agatha Christie
1086. **Uma breve história da filosofia** – Nigel Warburton
1088. **Heróis da História** – Will Durant
1089. **Concerto campestre** – L. A. de Assis Brasil
1090. **Morte nas nuvens** – Agatha Christie
1092. **Aventura em Bagdá** – Agatha Christie
1093. **O cavalo amarelo** – Agatha Christie
1094. **O método de interpretação dos sonhos** – Freud
1095. **Sonetos de amor e desamor** – Vários
1096. **120 tirinhas do Dilbert** – Scott Adams
1097. **200 fábulas de Esopo**
1098. **O curioso caso de Benjamin Button** – F. Scott Fitzgerald
1099. **Piadas para sempre: uma antologia para morrer de rir** – Visconde da Casa Verde
1100. **Hamlet (Mangá)** – Shakespeare
1101. **A arte da guerra (Mangá)** – Sun Tzu
1104. **As melhores histórias da Bíblia (vol.1)** – A. S. Franchini e Carmen Seganfredo
1105. **As melhores histórias da Bíblia (vol.2)** – A. S. Franchini e Carmen Seganfredo
1106. **Psicologia das massas e análise do eu** – Freud
1107. **Guerra Civil Espanhola** – Helen Graham
1108. **A autoestrada do sul e outras histórias** – Julio Cortázar
1109. **O mistério dos sete relógios** – Agatha Christie
1110. **Peanuts: Ninguém gosta de mim... (amor)** – Charles Schulz
1111. **Cadê o bolo?** – Mauricio de Sousa
1112. **O filósofo ignorante** – Voltaire
1113. **Totem e tabu** – Freud
1114. **Filosofia pré-socrática** – Catherine Osborne
1115. **Desejo de status** – Alain de Botton
1118. **Passageiro para Frankfurt** – Agatha Christie
1120. **Kill All Enemies** – Melvin Burgess
1121. **A morte da sra. McGinty** – Agatha Christie
1122. **Revolução Russa** – S. A. Smith
1123. **Até você, Capitu?** – Dalton Trevisan
1124. **O grande Gatsby (Mangá)** – F. S. Fitzgerald
1125. **Assim falou Zaratustra (Mangá)** – Nietzsche
1126. **Peanuts: É para isso que servem os amigos (amizade)** – Charles Schulz
1127.(27). **Nietzsche** – Dorian Astor
1128. **Bidu: Hora do banho** – Mauricio de Sousa
1129. **O melhor do Macanudo Taurino** – Santiago
1130. **Radicci 30 anos** – Iotti
1131. **Show de sabores** – J.A. Pinheiro Machado
1132. **O prazer das palavras** – vol. 3 – Cláudio Moreno
1133. **Morte na praia** – Agatha Christie
1134. **O fardo** – Agatha Christie
1135. **Manifesto do Partido Comunista (Mangá)** – Marx & Engels
1136. **A metamorfose (Mangá)** – Franz Kafka
1137. **Por que você não se casou... ainda** – Tracy McMillan
1138. **Textos autobiográficos** – Bukowski
1139. **A importância de ser prudente** – Oscar Wilde
1140. **Sobre a vontade na natureza** – Arthur Schopenhauer
1141. **Dilbert (8)** – Scott Adams
1142. **Entre dois amores** – Agatha Christie
1143. **Cipreste triste** – Agatha Christie
1144. **Alguém viu uma assombração?** – Mauricio de Sousa
1145. **Mandela** – Elleke Boehmer
1146. **Retrato do artista quando jovem** – James Joyce
1147. **Zadig ou o destino** – Voltaire
1148. **O contrato social (Mangá)** – J.-J. Rousseau
1149. **Garfield fenomenal** – Jim Davis
1150. **A queda da América** – Allen Ginsberg
1151. **Música na noite & outros ensaios** – Aldous Huxley
1152. **Poesias inéditas & Poemas dramáticos** – Fernando Pessoa
1153. **Peanuts: Felicidade é...** – Charles M. Schulz
1154. **Mate-me por favor** – Legs McNeil e Gillian McCain
1155. **Assassinato no Expresso Oriente** – Agatha Christie
1156. **Um punhado de centeio** – Agatha Christie
1157. **A interpretação dos sonhos (Mangá)** – Freud
1158. **Peanuts: Você não entende o sentido da vida** – Charles M. Schulz
1159. **A dinastia Rothschild** – Herbert R. Lottman
1160. **A Mansão Hollow** – Agatha Christie
1161. **Nas montanhas da loucura** – H.P. Lovecraft
1162.(28). **Napoleão Bonaparte** – Pascale Fautrier
1163. **Um corpo na biblioteca** – Agatha Christie
1164. **Inovação** – Mark Dodgson e David Gann
1165. **O que toda mulher deve saber sobre os homens: a afetividade masculina** – Walter Riso
1166. **O amor está no ar** – Mauricio de Sousa
1167. **Testemunha de acusação & outras histórias** – Agatha Christie
1168. **Etiqueta de bolso** – Celia Ribeiro
1169. **Poesia reunida (volume 3)** – Affonso Romano de Sant'Anna
1170. **Emma** – Jane Austen
1171. **Que seja em segredo** – Ana Miranda
1172. **Garfield sem apetite** – Jim Davis
1173. **Garfield: Foi mal...** – Jim Davis
1174. **Os irmãos Karamázov (Mangá)** – Dostoiévski
1175. **O Pequeno Príncipe** – Antoine de Saint-Exupéry
1176. **Peanuts: Ninguém mais tem o espírito aventureiro** – Charles M. Schulz
1177. **Assim falou Zaratustra** – Nietzsche

1178. **Morte no Nilo** – Agatha Christie
1179. **Ê, soneca boa** – Mauricio de Sousa
1180. **Garfield a todo o vapor** – Jim Davis
1181. **Em busca do tempo perdido (Mangá)** – Proust
1182. **Cai o pano: o último caso de Poirot** – Agatha Christie
1183. **Livro para colorir e relaxar** – Livro 1
1184. **Para colorir sem parar**
1185. **Os elefantes não esquecem** – Agatha Christie
1186. **Teoria da relatividade** – Albert Einstein
1187. **Compêndio da psicanálise** – Freud
1188. **Visões de Gerard** – Jack Kerouac
1189. **Fim de verão** – Mohiro Kitoh
1190. **Procurando diversão** – Mauricio de Sousa
1191. **E não sobrou nenhum e outras peças** – Agatha Christie
1192. **Ansiedade** – Daniel Freeman & Jason Freeman
1193. **Garfield: pausa para o almoço** – Jim Davis
1194. **Contos do dia e da noite** – Guy de Maupassant
1195. **O melhor de Hagar 7** – Dik Browne
1196(29). **Lou Andreas-Salomé** – Dorian Astor
1197(30). **Pasolini** – René de Ceccatty
1198. **O caso do Hotel Bertram** – Agatha Christie
1199. **Crônicas de motel** – Sam Shepard
1200. **Pequena filosofia da paz interior** – Catherine Rambert
1201. **Os sertões** – Euclides da Cunha
1202. **Treze à mesa** – Agatha Christie
1203. **Bíblia** – John Riches
1204. **Anjos** – David Albert Jones
1205. **As tirinhas do Guri de Uruguaiana 1** – Jair Kobe
1206. **Entre aspas (vol.1)** – Fernando Eichenberg
1207. **Escrita** – Andrew Robinson
1208. **O spleen de Paris: pequenos poemas em prosa** – Charles Baudelaire
1209. **Satíricon** – Petrônio
1210. **O avarento** – Molière
1211. **Queimando na água, afogando-se na chama** – Bukowski
1212. **Miscelânea septuagenária: contos e poemas** – Bukowski
1213. **Que filosofar é aprender a morrer e outros ensaios** – Montaigne
1214. **Da amizade e outros ensaios** – Montaigne
1215. **O medo à espreita e outras histórias** – H.P. Lovecraft
1216. **A obra de arte na era de sua reprodutibilidade técnica** – Walter Benjamin
1217. **Sobre a liberdade** – John Stuart Mill
1218. **O segredo de Chimneys** – Agatha Christie
1219. **Morte na rua Hickory** – Agatha Christie
1220. **Ulisses (Mangá)** – James Joyce
1221. **Ateísmo** – Julian Baggini
1222. **Os melhores contos de Katherine Mansfield** – Katherine Mansfield
1223(31). **Martin Luther King** – Alain Foix
1224. **Millôr Definitivo: uma antologia de *A Bíblia do Caos*** – Millôr Fernandes
1225. **O Clube das Terças-Feiras e outras histórias** – Agatha Christie
1226. **Por que sou tão sábio** – Nietzsche
1227. **Sobre a mentira** – Platão
1228. **Sobre a leitura *seguido do* Depoimento de Céleste Albaret** – Proust
1229. **O homem do terno marrom** – Agatha Christie
1230(32). **Jimi Hendrix** – Franck Médioni
1231. **Amor e amizade e outras histórias** – Jane Austen
1232. **Lady Susan, Os Watson e Sanditon** – Jane Austen
1233. **Uma breve história da ciência** – William Bynum
1234. **Macunaíma: o herói sem nenhum caráter** – Mário de Andrade
1235. **A máquina do tempo** – H.G. Wells
1236. **O homem invisível** – H.G. Wells
1237. **Os 36 estratagemas: manual secreto da arte da guerra** – Anônimo
1238. **A mina de ouro e outras histórias** – Agatha Christie
1239. **Pic** – Jack Kerouac
1240. **O habitante da escuridão e outros contos** – H.P. Lovecraft
1241. **O chamado de Cthulhu e outros contos** – H.P. Lovecraft
1242. **O melhor de Meu reino por um cavalo!** – Edição de Ivan Pinheiro Machado
1243. **A guerra dos mundos** – H.G. Wells
1244. **O caso da criada perfeita e outras histórias** – Agatha Christie
1245. **Morte por afogamento e outras histórias** – Agatha Christie
1246. **Assassinato no Comitê Central** – Manuel Vázquez Montalbán
1247. **O papai é pop** – Marcos Piangers
1248. **O papai é pop 2** – Marcos Piangers
1249. **A mamãe é rock** – Ana Cardoso
1250. **Paris boêmia** – Dan Franck
1251. **Paris libertária** – Dan Franck
1252. **Paris ocupada** – Dan Franck
1253. **Uma anedota infame** – Dostoiévski
1254. **O último dia de um condenado** – Victor Hugo
1255. **Nem só de caviar vive o homem** – J.M. Simmel
1256. **Amanhã é outro dia** – J.M. Simmel
1257. **Mulherzinhas** – Louisa May Alcott
1258. **Reforma Protestante** – Peter Marshall
1259. **História econômica global** – Robert C. Allen
1260(33). **Che Guevara** – Alain Foix
1261. **Câncer** – Nicholas James
1262. **Akhenaton** – Agatha Christie
1263. **Aforismos para a sabedoria de vida** – Arthur Schopenhauer
1264. **Uma história do mundo** – David Coimbra
1265. **Ame e não sofra** – Walter Riso
1266. **Desapegue-se!** – Walter Riso
1267. **Os Sousa: Uma família do barulho** – Mauricio de Sousa
1268. **Nico Demo: O rei da travessura** – Mauricio de Sousa
1269. **Testemunha de acusação e outras peças** – Agatha Christie
1270(34). **Dostoiévski** – Virgil Tanase

1271. **O melhor de Hagar 8** – Dik Browne
1272. **O melhor de Hagar 9** – Dik Browne
1273. **O melhor de Hagar 10** – Dik e Chris Browne
1274. **Considerações sobre o governo representativo** – John Stuart Mill
1275. **O homem Moisés e a religião monoteísta** – Freud
1276. **Inibição, sintoma e medo** – Freud
1277. **Além do princípio de prazer** – Freud
1278. **O direito de dizer não!** – Walter Riso
1279. **A arte de ser flexível** – Walter Riso
1280. **Casados e descasados** – August Strindberg
1281. **Da Terra à Lua** – Júlio Verne
1282. **Minhas galerias e meus pintores** – Kahnweiler
1283. **A arte do romance** – Virginia Woolf
1284. **Teatro completo v. 1: As aves da noite** *seguido de* **O visitante** – Hilda Hilst
1285. **Teatro completo v. 2: O verdugo** *seguido de* **A morte do patriarca** – Hilda Hilst
1286. **Teatro completo v. 3: O rato no muro** *seguido de* **Auto da barca de Camiri** – Hilda Hilst
1287. **Teatro completo v. 4: A empresa** *seguido de* **O novo sistema** – Hilda Hilst
1289. **Fora de mim** – Martha Medeiros
1290. **Divã** – Martha Medeiros
1291. **Sobre a genealogia da moral: um escrito polêmico** – Nietzsche
1292. **A consciência de Zeno** – Italo Svevo
1293. **Células-tronco** – Jonathan Slack
1294. **O fim do ciúme e outros contos** – Proust
1295. **A jangada** – Júlio Verne
1296. **A ilha do dr. Moreau** – H.G. Wells
1297. **Ninho de fidalgos** – Ivan Turguêniev
1298. **Jane Eyre** – Charlotte Brontë
1299. **Sobre gatos** – Bukowski
1300. **Sobre o amor** – Bukowski
1301. **Escrever para não enlouquecer** – Bukowski
1302. **222 receitas** – J. A. Pinheiro Machado
1303. **Reinações de Narizinho** – Monteiro Lobato
1304. **O Saci** – Monteiro Lobato
1305. **Memórias da Emília** – Monteiro Lobato
1306. **O Picapau Amarelo** – Monteiro Lobato
1307. **A reforma da Natureza** – Monteiro Lobato
1308. **Fábulas** *seguido de* **Histórias diversas** – Monteiro Lobato
1309. **Aventuras de Hans Staden** – Monteiro Lobato
1310. **Peter Pan** – Monteiro Lobato
1311. **Dom Quixote das crianças** – Monteiro Lobato
1312. **O Minotauro** – Monteiro Lobato
1313. **Um quarto só seu** – Virginia Woolf
1314. **Sonetos** – Shakespeare
1315(35). **Thoreau** – Marie Berthoumieu e Laura El Makki
1316. **Teoria da arte** – Cynthia Freeland
1317. **A arte da prudência** – Baltasar Gracián
1318. **O louco** *seguido de* **Areia e espuma** – Khalil Gibran
1319. **O profeta** *seguido de* **O jardim do profeta** – Khalil Gibran
1320. **Jesus, o Filho do Homem** – Khalil Gibran
1321. **A luta** – Norman Mailer
1322. **Sobre o sofrimento do mundo e outros ensaios** – Schopenhauer
1323. **Epidemiologia** – Rodolfo Sacacci

1324. **Japão moderno** – Christopher Goto-Jones
1325. **A arte da meditação** – Matthieu Ricard
1326. **O adversário secreto** – Agatha Christie
1327. **Pollyanna** – Eleanor H. Porter
1328. **Espelhos** – Eduardo Galeano
1329. **A Vênus das peles** – Sacher-Masoch
1330. **O 18 de brumário de Luís Bonaparte** – Karl Marx
1331. **Um jogo para os vivos** – Patricia Highsmith
1332. **A tristeza pode esperar** – J.J. Camargo
1333. **Vinte poemas de amor e uma canção desesperada** – Pablo Neruda
1334. **Judaísmo** – Norman Solomon
1335. **Esquizofrenia** – Christopher Frith & Eve Johnstone
1336. **Seis personagens em busca de um autor** – Luigi Pirandello
1337. **A Fazenda dos Animais** – George Orwell
1338. **1984** – George Orwell
1339. **Ubu Rei** – Alfred Jarry
1340. **Sobre bêbados e bebidas** – Bukowski
1341. **Tempestade para os vivos e para os mortos** – Bukowski
1342. **Complicado** – Natsume Ono
1343. **Sobre o livre-arbítrio** – Schopenhauer
1344. **Uma breve história da literatura** – John Sutherland
1345. **Você fica tão sozinho às vezes que até faz sentido** – Bukowski
1346. **Um apartamento em Paris** – Guillaume Musso
1347. **Receitas fáceis e saborosas** – José Antonio Pinheiro Machado
1348. **Por que engordamos** – Gary Taubes
1349. **A fabulosa história do hospital** – Jean-Noël Fabiani
1350. **Voo noturno** *seguido de* **Terra dos homens** – Antoine de Saint-Exupéry
1351. **Doutor Sax** – Jack Kerouac
1352. **O livro do Tao e da virtude** – Lao-Tsé
1353. **Pista negra** – Antonio Manzini
1354. **A chave de vidro** – Dashiell Hammett
1355. **Martin Eden** – Jack London
1356. **Já te disse adeus, e agora, como te esqueço?** – Walter Riso
1357. **A viagem do descobrimento** – Eduardo Bueno
1358. **Náufragos, traficantes e degredados** – Eduardo Bueno
1359. **Retrato do Brasil** – Paulo Prado
1360. **Maravilhosamente imperfeito, escandalosamente feliz** – Walter Riso
1361. **É...** – Millôr Fernandes
1362. **Duas tábuas e uma paixão** – Millôr Fernandes
1363. **Selma e Sinatra** – Martha Medeiros
1364. **Tudo o que queria te dizer** – Martha Medeiros
1365. **Várias histórias** – Machado de Assis
1366. **A sabedoria do Padre Brown** – G. K. Chesterton
1367. **Capitães do Brasil** – Eduardo Bueno
1368. **O falcão maltês** – Dashiell Hammett
1369. **A arte de estar com a razão** – Arthur Schopenhauer
1370. **A visão dos vencidos** – Miguel León-Portilla

lepmeditores
www.lpm.com.br
o site que conta tudo

IMPRESSÃO:

PALLOTTI
GRÁFICA

Santa Maria - RS | Fone: (55) 3220.4500
www.graficapallotti.com.br